现代中国知识分子的马克思主义哲学研究史

王强 著

人民出版社

目　录

导　论

当今，关于 20 世纪中国思想史研究的著作有很多种，但关于马克思主义思想史研究的分量并不够，尤其是把马克思主义作为中国思想史发展中的一个环节或链条的著作并不多见，这是令人遗憾的。有学者在研究马克思主义哲学中国化时，注意到了这个问题，"没有把马克思主义哲学纳入 20 世纪中国思想史的变革中加以研究，因而没有说明马克思主义哲学传入中国，对于中国思想变革的意义。由于没有说明这个问题，所以，在理论上无法解答近年来学术界提出的马克思主义在中国的合法性问题"①。现代中国知识分子作为思想文化领域的精英，不仅深钻于学术领域，而且也关切着中国文明的现代走向。正如梁启超在其《欧游心影录》中曾形象表达了当时知识分子对中国向何处去的焦虑与迷茫。他这样说道："一百年的物质进步，比之从前三千年所得还要加几倍；我们人类，不

---

① 何萍：《20 世纪马克思主义哲学：东方与西方》，人民出版社 2012 年版，第 324 页。

惟没有得着幸福，倒反带来许多灾难。好像沙漠中失落的旅人，远远望见一个大黑影，拼命往前赶，以为可以靠他向导，哪知赶上几程，影子却不见了，因此无限凄惶失望。"① 这些论述不仅折射出现代中国知识分子头脑中的思想世界，而且反映出这些思想是怎样与时代发生联系。在这个意义上而言，如果不参照现代中国的政治、社会以及思想史的相关书籍、期刊和政治文件等大量文献，就不可能建构马克思主义中国化的历史图景。现代中国知识分子对马克思主义的研究，展示了马克思主义与中国近现代思想运动的历史关联，是 20 世纪马克思主义中国化的一个重要环节。其一，现代中国知识分子有着自身独立的学术立场，他们不仅仅是一个读书人，"心灵必须有独立精神和原创能力。……知识分子必须是他所在的社会之批评者，也是现有价值的反对者"②。无论这种立场是科学主义、新心学、新理学，还是实用主义、认识论，都是当时中国思想文化的重要组成部分，以这样的学术视角与马克思主义对话，指向了中国思想文化的现代化，实质上共同构成了 20 世纪的中国思想文化图景。其二，中西思想文化融合已成为一种潮流，马克思主义作为现代西方重要的思想资源，无论持何种政治立场者都十分关注，知识分子自然也会受到不同程度的

---

① 梁启超:《饮冰室合集·文集》第 5 册第 23 卷，中华书局 1941 年版。
② 殷海光:《中国文化的展望》，中国和平出版社 1988 年版，第 582—583 页。

影响。在他们的思想体系中，都直接或间接地试图回应马克思主义所提出的一系列问题。

一、研究主题的价值意义

一部马克思主义中国化史，是与从事马克思主义的研究者们不断地揭示和阐释马克思主义分不开的。现代中国知识分子对马克思主义哲学的研究，构成了 20 世纪马克思主义发展过程中的一个链条。本书的研究试图向我们呈现现代中国"马克思主义"概念的复杂性与丰富性，无论是经典马克思主义者视域中的"马克思主义"，还是知识分子视域中的"马克思主义"，都是我们思考 20 世纪马克思主义中国化的重要思想资源。在马克思主义中国化的过程中，坚定的马克思主义者作出了巨大的历史贡献，但同时我们也不能忽视知识分子对马克思主义的研究。在马克思主义中国化的过程中，知识分子其所阐发的思想观点与马克思主义者之间，有分歧、对立和批判，也有相互融合、相互吸收、相互借鉴。

一是在深化和拓宽马克思主义中国化的研究视域上作出新尝试。本书的研究就是把知识分子对马克思主义的研究置于 1919—1949 年间各种社会思潮大交流、大调整的历史背景下，探讨现代中国知识分子马克思主义的研究阐释过程中，是如何回答时代提出的问题，借此论析马克思主义成为中国指导思想的合理性和必然性。在论述过程中，本书更加注重对马克思主义中国化之"源"的追踪，弥补学术界过多注重马克思主义中国化之"流"的成果，而忽视对"源"的挖掘和拓展。本书在研究过程中努力实现马克思主义与中国思想史的视域融合，阐述马克思主义在中国现代思想语境中的丰富内涵，梳理马克思主义与不同思潮之间的互动关系，勾勒中国现代思想史上马克思主义的发展脉络。通过考察现代中国知识分子对马克思主义的研究，凸显在不同语境中对马克思主义概念、命题、思想的不同理解，这将为理解马克思主义中国化提供新的视角与历史的依据或线索，同时也在一定程度上深化马克思主义中国化内在规律性特征的研究，这无疑具有一定的学术价值和理论意义。

二是在加强马克思主义思想史领域薄弱环节的研究上作出新努力。关于马克思主义思想史发展的内在逻辑，不同的研究思路呈现出的历史图景也不同。从理论本身讲，是以辩证唯物主义和历史唯物主义为核心而展开；从思想史的视野走入历史深处，观察到的是思想与社会之间互动的理论结构与运行机制。现代中国知识分子对马克思主义研究有着自身的立场、观点和研究方法，这在一定程度上造成了这种非主流的理论研究，在马克思主义中国化的历程中有意无意地被忽略，或者被遮蔽某些内容。但从现代中国思想文化史的演进来看，知识分子对马克思主义的研究是马克思主义中国化的有益补充。本书尝试在知识分子对马克思主义研究的历史逻辑的演变中把握马克思主义中国化的核心主题和贯穿其中的主线，即从中国思想文化发展的内在脉络中寻找。在资料收集整理过程中，笔者发现较多思想史的研究资料集中在马克思主义者领域，而很少关注知识分子对马克思主义研究在中国马克思主义思想史中的地位。进一步而言，特别是知识分子如何对马克思主义进行吸收、转化与超越的论述较少。学术界以往研究成果为本课题的研究提供了资料和起点，但其不足和偏颇之处也较为明显，现有资料比较零散，本书重新加以系统归纳、整合，并在此基础上有所创新。

三是在坚持马克思主义对社会思潮的指导地位中作出新阐释。现代中国知识分子对马克思主义的研究，为今天马克思主义对其他社会思潮的引领提供了一定的经验与教训。侯外庐在准备中国思想史的研究过程中，周恩来建议他研究一些近代思想史的问题。侯先生对此有着深刻的体会："我理解，研究近代史与确定半封建半殖民地中国所面临的革命任务，这两者之间有着密切联系。"[1]70多年之后，张汝伦在研究中国现代思想史时也坦承："我想探索一下，一个世纪以来，制约着中国人关于国家前途、历史、世界和社会理想这些公共问题的思想预设，

---

[1]　侯外庐:《韧的追求》，生活·读书·新知三联书店 1985 年版，第 119 页。

或基本意识形态是什么。"①如果离开对20世纪马克思主义在中国思想文化中融合的理论研究和深刻反思，就不会对思想变迁有历史感，也很难展望今后中国思想文化的历史走向。

二、国内外研究现状评析

关于现代中国的马克思主义研究，学术界已进行了深入研究，然而关于现代中国知识分子对马克思主义哲学的研究却显薄弱，主要表现在以下几个方面：

第一，对于马克思主义中国化的历史进程，学术界进行了系统梳理，基本的历史线索和历史脉络已经清晰，而关于知识分子对马克思主义哲学研究的整体概况及具体演进的成果较少。经典作家从不同视角解释和揭示什么是马克思主义者的作品不少，专门论述什么是非马克思主义者的作品却很少。目前，有几篇论文对非马克思主义者的情况予以研究梳理，如张正光的《马克思主义中国化视域下的非马克思主义者探论》②对非马克思主义者予以界定，指出非马克思主义学者在马克思主义中国化中的历史贡献；李天华、郭广迪在《民国时期非马

---

① 张汝伦：《现代中国思想研究》，上海人民出版社2014年版，第17页。
② 张正光：《马克思主义中国化视域下的非马克思主义者探论》，《现代哲学》2013年第4期。

克思主义经济学文献中的唯物史观（1927—1937）》中，梳理了非马克思主义学者在其撰写的经济学文献中对马克思的唯物史观的介绍和分析。① 彭国翔在《牟宗三对唯物辩证法和唯物史观的批判》中，考察牟宗三对于马克思主义核心理论唯物辩证法和唯物史观的批判。② 也有一些学者注意到了知识分子对马克思主义的研究，但没有把它作为独立的研究对象。③ 其中，如曾乐山著《马克思主义哲学的中国化及其历程》（华东师范大学出版社 1991 年版），其中对唯物辩证法中国化的历史进行了独到的分析。郭必选在《唯物辩证法的光辉和阴影——中国化过程中的变态型》中分析了唯物辩证法中国式变态的六种类型："神像"型、"警棍"型、"两极"型、"中庸"型、"护身"型、"自足"型，但没有勾勒出唯物辩证法中国化的历史脉络。德里克在《毛泽东与"中国马克思主义"》中阐述了马克思主

———————————

① 李天华、郭广迪：《民国时期非马克思主义经济学文献中的唯物史观（1927—1937）》，《贵州社会科学》2016 年第 3 期。

② 彭国翔：《牟宗三对唯物辩证法和唯物史观的批判》，《思想与文化》2012 年第 12 辑。

③ 陈汉楚：《三十年代马克思主义在中国的传播》，《社会科学》1982 年第 8 期；张太原：《二十世纪三十年代的马克思主义思潮》，《中共党史研究》2011 年第 7 期；张太原：《自由主义与马克思主义：〈独立评论〉对中国共产党的态度》，《历史研究》2002 年第 4 期；向燕南：《新社会科学运动（1920 年代末至 1930 年代中）与中国社会科学的发展》，《学术研究》2005 年第 4 期；卢毅：《20 世纪 30 年代的"唯物辩证法热"》，《党史研究与教学》2007 年第 3 期；郑大华、谭庆辉：《20 世纪 30 年代初中国知识界的社会主义思潮》，《近代史研究》2008 年第 3 期；李红岩：《20 世纪 30 年代马克思主义思潮兴起之原因探析》，《文史哲》2008 年第 6 期；等等。

义通俗化和"再地区化限定"中，中国思想传统到底起了什么作用。李丽撰写的《科学主义与马克思主义在中国的出场境遇》认为，科学主义是马克思主义在中国传播的思想基础和前提，两者同时迎合了中国人救亡图存的现实价值需求，并在"唯物史观"那里实现了结盟，科学主义对马克思主义中国化起了推动作用。①李毅在其著作《中国马克思主义与现代新儒学》中注意到了新儒家对马克思主义的研究，认为新儒家对马克思主义是一种曲解：一是唯物辩证法非"哲学"，二是分裂唯物论与唯物史观之间的联系。张汝伦在其著作《现代中国思想研究》中用一章的篇幅讨论了 19 世纪末期以来现代中国知识分子对于社会主义的理解，其研究侧重于把马克思主义作为一种意识形态，从现实与理想两个层面予以了梳理与阐述。②以费正清、列文森、罗兹曼等汉学家为代表，他们把马克思主义中国化看成"被儒学思想方法同化"。

第二，对马克思主义学者与中国思想文化之间的融合，学术界有较多的研究，但关于知识分子对马克思主义哲学的研究关注较少，缺乏整体讨论和宏观把握。如李维武在《20 世纪中国哲学视域中的马克思主义哲学中国化研究》中认为马克

---

① 李丽：《科学主义与马克思主义在中国的出场境遇》，《科学技术与辩证法》2006 年第 6 期。

② 张汝伦：《现代中国思想研究》，上海人民出版社 2014 年版，第 341—464 页。

思主义哲学中国化包括三个方面内容：一是马克思主义哲学与中国哲学现代传统，二是马克思主义哲学与20世纪中国哲学思潮，三是马克思主义哲学与马克思主义社会思潮；高瑞泉在《天命的没落——中国近代唯意志论思潮研究》①中对"规律的辩证本性与主体的选择权能"进行了唯物辩证法的分析，试图使中国哲学走出唯意志论与宿命论两极对峙的困境；杨国荣在《科学的形上之维——中国近代科学主义的形成与衍化》②中阐述了中国近现代思想中哲学的科学化倾向，特别是对唯物辩证法所产生的影响进行了深入的分析；美国汉学家田辰山著《中国辩证法：从〈易经〉到马克思主义》（中国人民大学出版社2008年版），从比较哲学角度追溯马克思主义与中国古代哲学，透彻分析了"通变"思想对中国化的辩证法形成的影响；王坤在《儒学对唯物辩证法形成的影响》中指出，唯物辩证法中国特色的产生，主要是哲学家吸收了儒学变化不息的宇宙观和对立统一思维的结果。李约瑟在"Past in China's Present"一文中认为，辩证唯物主义是前马克思主义时代就已经公认的理论，而新儒家只是把它作为西方概念工具来思考和辩论。单继刚在《唯物辩证法和形式逻辑的关系——重评20世纪30年

---

① 高瑞泉：《天命的没落——中国近代唯意志论思潮研究》，上海人民出版社2007年版。

② 杨国荣：《科学的形上之维——中国近代科学主义的形成与衍化》，华东师范大学出版社2009年版。

代、50 年代的主要观点》中指出唯物辩证法的两种形态，"在事实领域，只有辩证法；在思想领域和语言领域，既有辩证法（辩证逻辑），也有形而上学（形式逻辑）"。此外，对艾思奇、毛泽东等思想家关于辩证法的研究比较丰富，但对唯物辩证法与中国现代思想关系没有形成系统的认识。

第三，对马克思主义与其他社会思潮之间的论战，学术界有较多的研究，但关于现代中国知识分子对马克思主义哲学的研究关注较少，缺乏整体讨论和宏观把握。关于现代中国知识分子对马克思主义哲学的研究，主要集中于唯物辩证法论战，耿彦君围绕唯物辩证法的实质和作用、哲学本身能否消灭、辩证法和形式逻辑的关系，分析了学术界关于认识论、人生观、历史观等一系列哲学问题的哲学论战；① 陈金龙在《近代中国社会思潮与马克思主义中国化》中，阐述了近代中国保守主义、无政府主义、民族主义、民粹主义、三民主义、科学主义六大思潮与马克思主义中国化之间的关系，注意到了知识分子对马克思主义哲学的批评，但没有聚焦知识分子对马克思主义哲学的研究。对于马克思主义者与非马克思主义者论战的性质，一般定性为不同阶级之间的意识形态斗争。例如，"问题与主义之争"是"马克思主义和反马克思主义在中国的第一次论争"②，

---

① 耿彦君：《唯物辩证法论战研究》，社会科学文献出版社 2005 年版。
② 彭明：《五四运动史》，人民出版社 1984 年版，第 499 页。

是"以胡适为代表的资产阶级知识分子右翼与以李大钊为代表的共产主义者的一次不可调和的斗争"①。袁宏禹《中国近现代唯识学思潮与马克思主义哲学的会通研究》提及了唯识辩证法与唯物辩证法之间的关系。薛其林在《马克思主义唯物辩证法与民国学术》一文中，梳理了唯物辩证法在中国的传播与发展，以及与中国学术方法之间存在着互动关系。乔清举等著《多元理性的碰撞与选择——二十世纪三四十年代哲学论辩》②，讨论了 20 世纪三四十年代中国社会性质论战、唯物辩证法的论战、中国文化论战、新心学的论争，以及马克思主义对"战国策派"批判等内容，梳理了一些重要文献及双方的主要观念。

第四，关于马克思主义哲学与马克思主义文本传播之间的关系，学术界缺少系统把握，但也有一些著作或文章论及这方面的问题。欧阳小松在《对艾思奇等人阐释马克思主义中国化问题的若干解读——以发表在〈中国文化〉上的相关文章为解读文本》中，分析了刊于《中国文化》中的相关文章，对文中的阐释内容、阐释结构及主要观点作了解读；王刚在《马克思主义中国化的起源语境研究——20 世纪 30 年代之前马克思主义在中国的传播及中国化》中，从语境的视角探讨了 20 世纪 30 年代之前，不同路径传入中国的马克思主义如何在中国

---

① 萧超然：《北京大学与五四运动》，北京大学出版社 1995 年版，第 258 页。
② 乔清举等：《多元理性的碰撞与选择——二十世纪三四十年代哲学论辩》，百花洲文艺出版社 2012 年版。

语境传播和中国化的问题。① 西方学者比较注重马克思主义文本在中西之间的差别，形成了基本一致的观点：马克思主义是决定论者，而毛泽东则是意志论者，代表人物施拉姆、魏斐德、迈斯纳、扎罗、史华慈和拉克等；与之相反，奈特在 *Mao Zedong on Dialectical Materialism* 一书中认为，毛泽东的矛盾规律是源自苏联马克思主义，而列宁的对立统一规律又是来自恩格斯，在毛泽东那里不会有任何马克思的哲学。以上几种观点都有失偏颇。

三、研究思路与研究方法的检讨

关于中国现代思想文化的研究范式，学界已有自觉的批判意识。一是所谓的"冲击—回应"模式已在学术界臭名昭著②，显然这种方法容易把复杂的问题简单化；二是"现代化叙事"③ 在近年来因其"宏大叙事"受到学术界的追捧，但它忽略了思想史上的许多重要事实，把一部现代思想史剪裁成中国

① 王刚：《马克思主义中国化的起源语境研究——20 世纪 30 年代之前马克思主义在中国的传播及中国化》，人民出版社 2011 年版。
② ［美］柯文：《在中国发现历史——中国中心观在美国的兴起》，林同奇译，中华书局 1989 年版。
③ 20 世纪 50 年代，西方逐步重视新的社会科学范式"现代化理论"。现代化理论断言社会发展有一条从"传统"走向"现代社会"的普适性道路。

现代化命运的说明书，以侯外庐的近代启蒙说、李泽厚的"启
蒙与救亡的双重变奏"等为代表；三是现代思潮或基本意识形
态已成为学界研究的重点，过于关注一个时期关于国家前途、
历史、世界和社会理想等关于公共问题的思想预设，而忽略了
精英思想家的文本。以上的研究范式有其自身的优势，但都忽
略了中国思想文化内在发展的理路或脉络。本书以现代中国知
识分子对马克思主义哲学的研究为中心，在现代中国思想发展
的脉络下，对马克思主义在中国的起源与发展进行深入剖析，
阐明中国传统思想在现代遇到的困境，作为马克思主义是如何
解决这种困境，知识分子又是如何评价马克思主义的这种价值
与意义。在中国现代思想文化语境中，本书主要研究知识分子
或学者对马克思主义的阐发、分析和创新发展，以及非马克思
主义者对马克思主义中国化的特殊贡献。

　　关于现代中国知识分子对马克思主义哲学的研究这个课
题的回答，首先要回答非马克思主义者与马克思主义者之间的
关系，其次要理解现代中国知识分子为什么要研究马克思主
义。这两个问题的实质，是非马克思主义者与马克思主义之间
的历史关联是什么。对于这些问题，本书在第一章主要讨论非
马克思主义者的源流，提出划分非马克思主义者与马克思主义
者的根据，梳理现代中国知识分子对马克思主义研究的历史发
展脉络，阐述现代中国知识分子对马克思主义研究的实质及其
特点。

非马克思主义者对马克思主义哲学的研究，是伴随着马克思主义者的研究展开的。高清海、孟宪忠认为："哲学有一个从本体论到认识论再到实践论的发展轨迹。这个轨迹展示了哲学研究重心的转移。古代哲学侧重本体论，近代哲学侧重认识论，20世纪侧重实践论。"① 然而，对于中国现代哲学而言，这三个层面似乎都不能回避，并相互交织在一起，构成了中国思想的现代困境。面对这一困境，马克思主义者从不同的路径研究马克思主义，李大钊从宇宙观的角度思考问题，寻找普遍的解决方法，而逐渐与辩证唯物主义融合在一起；陈独秀在以民主和科学为主要内容的公理层面思考中国的出路，而逐渐与历史唯物主义融合在一起。这两种不同的思想路径集中反映在科学与玄学的论战中，也充分说明辩证唯物论与唯物史观构成一个完整的理论体系，它们之间是具有密切联系的。对此，非马克思主义者提出了相应的思考，认为唯物论可以从宇宙观的角度去理解，但不能与辩证法相综合；科学思维中的因果律不能成为物质决定论的基础，也反对将因果关系运用到社会科学上来。

现代中国知识分子对马克思主义哲学的研究，伴随着中国思想文化的转向呈现出了新的面貌。正如恩格斯在《路德维

① 高清海、孟宪忠：《20世纪哲学意识及当代中国哲学取向》，《光明日报》1989年3月20日。

希·费尔巴哈与德国古典哲学的终结》中指出的那样：改变叙
述很容易，改变思维习惯却远为艰难。恩格斯要改变的思维习
惯是旧形而上学。1935年以后，中国思想文化界，出现了一
次深远的学术转向。推动这一转向的主要有两次讨论，一次是
1935年以"中国化"为核心的"新启蒙"运动，一次是1935
年《中国本位的文化建设宣言》一文的发表。这次学术转向推
动着马克思主义哲学朝着实践主题和文化主题的演变，从马克
思主义者的研究来看，由李达强调"实践的唯物论"，而至毛
泽东创立"实践论"与"矛盾论"；从现代中国知识分子的研
究来看，他们试图摒弃从西方近代哲学理解马克思主义的思维
方式，张东荪创立了知识社会学，吴恩裕从反形而上学的意义
提出了唯物史观是一种历史理论。

　　本书讨论的知识分子对马克思主义哲学的研究有着一定的
范围，主要限定在1919年至1949年间，其根据如下：一是在
五四之前，马克思主义在中国的传播与影响是有限的。朱谦之
在《无政府主义批判》一文中，将五四作为无政府主义和马克
思主义在中国传播的起点。[①] 当时中国的思想界，社会主义、
马克思主义、共产主义、无政府主义、社会民主主义都是十分
模糊的概念。1903年，日本学者福井的《近代社会主义》在

---

　　①　朱谦之：《无政府主义批判》，《朱谦之文集》第1卷，福建教育出版社
2002年版，第269—290页。

中国翻译出版，第一次介绍了马克思主义和各国社会主义运动的概况；1906 年，朱执信第一次翻译了《共产党宣言》结尾的十大纲领；马克思的《资本论》在 20 世纪初也仅仅存有简单的节译本。二是随着 1949 年新中国的成立，知识分子在思想上转向了马克思主义。朱谦之曾在《五十自述》一文中，提到 1949 年 10 月 14 日广州解放后，开始了另外一种学习和阅读："马列主义和毛泽东思想成为我们全校员生的日课，我们自学自修。所学所修是马列主义毛泽东思想。我们每见面时，所谈是马列主义毛泽东思想。"①

本书在讨论中将运用以下研究方法：

第一，思想史与社会史相结合的方法。把思想史发展放在社会结构变动的过程中来审视，是思想史研究的一个重要方法。马克思主义者与非马克思主义者之间的分歧与共鸣，只有放置在一定的社会的和历史的背景中才是可理解的。哲学理论与社会结构的关联性，通过一定的社会思潮表现出来，正确把握社会思潮与社会历史的联系及其所反映的时代特点，进而研究马克思主义与社会思潮的思想特色和历史地位，为科学地解剖马克思主义思想学术史，挖掘思想背后的社会原因提供了依据。

---

① 朱谦之：《五十自述》，《朱谦之文集》第 1 卷，福建教育出版社 2002 年版，第 102 页。

　　第二，思想史与概念史相结合的方法。现代中国知识分子对马克思主义哲学的研究突破了狭隘的概念式研究，转向了问题和思想史的研究，将马克思主义置于近现代的世界历史和中国思想运动中加以研究。梳理马克思主义哲学概念或命题的"内在理路"研究，利用一定的文献，考察某个概念在文本上的历史演变和内在源流，马克思主义经日本、苏联、欧美的不同传播路径，与中国思想文化中类似的概念，其内涵发生了怎样的改变。

　　第三，思想史与学术史相结合的方法。这种方法把历史上的所有思想都视为是具体学术背景下的产物，任何思想命题都是从当时的学术研究中酝酿出来的。马克思主义哲学与中国现代思想之间，既有明显的学术渊源关系，又有逻辑的发展。逻辑的发展有时并不表现为学派的渊源，却更深刻地表现出人类思维发展的内在逻辑。因此，在本书研究中，这种关系不仅仅指学派关系，更多的是想重建马克思主义哲学与中国现代思想之间就一定论题展开对话。他们之间对话的可能性是建立在中国思想观念在具体的历史条件下的发展和变化。

　　第四，历史与文献相结合的方法。本书在研究任何思想或理论提出的原因、发展脉络，以及产生的影响过程中，都坚持既分析文献的文本本身及文本之间的关系，又考虑作为思想主体，即人所处的具体历史环境、进行的历史实践，这样有利于更全面更客观地反映历史的真实。因为文本所呈现给我们的，往往是经过作者考虑到各种因素筛选过的，或者在事后考虑到各种问题后修改的。这种情况下单纯依靠文献文本是难以完全揭示事实真相的。

第一章 现代中国知识分子对马克思主义哲学研究的源流

马克思主义中国化的历史不可能仅仅局限于马克思主义者传播与研究的历史，甚至不可能只限于知识分子的全部历史。"从传播者的身份看，马克思主义在中国的早期传播中，大体经历了一个从封建地主阶级代表、外国传教士到资产阶级改良派、革命派，早期无政府主义者，再到初步具有共产主义思想觉悟的先进知识分子的演历过程。"[1]马克思主义者的特征主要是阶级立场和价值选择，能够掌握、运用马克思主义的立场观点方法。知识分子则是以某种学术为业的人，拥有较为深厚的专门化知识，有着社会所认可的高深学问。

---

[1] 孙建华：《马克思主义中国化思想通史》第一卷，人民出版社 2019 年版，第 132 页。

一、现代中国知识分子研究马克思主义的历史缘起

马克思主义者是马克思主义在中国传播的过程中的历史产物。从马克思主义学说的源流来看，马克思主义就是诞生于对非马克思主义的批判与建构之中。例如，从 19 世纪 40 年代"社会主义"一词在欧洲广泛流行以来，虽然马克思、恩格斯对"真正的社会主义"进行了多次阐释，也同巴枯宁的无政府主义、拉萨尔的国家社会主义等展开了激烈论战，但这并未彻底划清两者之间的界限。马克思曾说出这样的话："我不是马克思主义者"①，并在 1882 年 9 月就从巴黎给恩格斯写信，无论是"马克思主义者"，还是"反马克思主义者"，这两种类型的人在罗阿纳和圣艾蒂安的社会主义大会上都同样竭尽全力地使他在法国的居住大为扫兴。知识分子站在自身的学术立场审视，马克思主义并不是一个指称明确的思想体系，而是因不同的解释而呈现出不同的学术图景。从政治上来讲，马克思、列宁、斯大林、毛泽东之间的差别是巨大的。从学术上来讲，他们都是从马克思主义角度积极地推进了某些问题研究的人。普列汉诺夫和雷纳的贡献是真实的，因为他们在政治上与列宁背道而驰；卢卡奇和考德威尔

---

① 《马克思恩格斯全集》第 35 卷，人民出版社 1971 年版，第 385 页。

的贡献是真实的，因为他们偶尔会被其他马克思主义者所批评。尽管他们有些观点被证明是错误的，而且这些观点也必然会被他们的政治主张所影响。如果一部著作宣称建立在马克思的方法的基础之上并提高了这种方法在学术研究中的使用率，我们不妨把它看作马克思主义的，无论我们的保留意见是什么，至少目前是这样。马克思主义者尤其是在他们的内部应该辩论清他们的不同之处，或者是使他们同非马克思主义者区分开来的艰难的分界线，或者是有的学者既经历了马克思主义阶段，同时也经历了非马克思主义阶段的分裂线。由于马克思的很多思想曾渗透到社会科学的命脉中，也就不再使马克思以及那些自认为是马克思学说的正统信仰者有别于其他人。

　　从马克思主义在中国的传播而言，知识分子要早于马克思主义者关注这一问题，从 1899 年马克思的名字第一次在中文刊物《万国公报》上出现，到 1919 年李大钊成为中国第一个马克思主义者，就经过整整 20 年时间，其间的许多传播马克思主义的先进中国人都没有成为马克思主义者，而且其中的一些人后来还成为马克思主义和中国共产党的反对者。从逻辑的角度而言，马克思主义者则要早于非马克思主义者，没有马克思主义者便没有所谓的非马克思主义者。瞿秋白曾说:"我们的前辈:陈独秀同志，甚至于李汉俊先生，戴季陶先生，胡汉民先生及朱执信先生，都是中国第一批的马克思主义者。"① 从本质的角度而言，掌握辩证唯物论和历史唯物论的人不一定是马克思主义者，运用辩证唯物论和唯物史观维护无产阶级利益的人才是马克思主义者，也就是说马克思主义者与非马克思主义者的区别在于世界观方法论的不同。艾思奇在《关于民主与专政问题》一文中，就各民主党派在学习毛主席的《关于正确处理人民内部矛盾的问题》的报告中提出，区别马克思主义者与非马克思主义者的一个根本标准，就是看他们是否肯定无产阶级专政，是否坚持无产阶级专政。②"十月革命一声炮响，给我们送来了马克思列宁主义。十月革命帮助了全世界的也帮助了中国的先进分子，用无产阶级的宇宙观作为观察国家命运的工具，重新考虑自己的问题。"③ 这个"自己的问题"就是，选择什么样的主义才能摆脱亡国灭种的历史境遇以实现中华民族的伟大复兴？五四运动之后，以陈独秀、李大钊、蔡和森、毛泽东、李达、瞿秋白等为代表的一批革命知识分子真诚地接受马克思主义，主张通过彻底反帝反封建的社会革命，来争取无产阶级和劳动人民的彻底解放，进而解决中国社会问题；而胡适、张东荪、胡汉民、戴季陶等为代表的资产阶级知识分子则主张对中国社会问题进行渐进的改革。"以前有人如梁启超、朱执信，也

---

① 《瞿秋白选集》，人民出版社 1985 年版，第 310 页。
② 艾思奇：《关于民主与专政问题》，《争鸣》1958 年第 10 期。
③ 《毛泽东选集》第四卷，人民出版社 1991 年版，第 1471 页。

曾提过一下马克思主义。据说还有一个什么人，在一个杂志上译过恩格斯的《社会主义从空想到科学的发展》。总之，那时我没有看到过，即使看过，也是一刹那溜过去了，没有注意。"①究其原因，这是因他们政治立场的不同所致。对此，有学者指出："戴季陶和胡汉民对马克思主义的态度与李大钊是有差异的。前面两位强调的是这一理论（指马克思主义理论）中的民族主义的含义，而李大钊则信奉阶级斗争学说。这是他们后来分道扬镳的原因。"②关于1923年中国思想界发生的所谓"科学与人生观论战"，史华慈曾这样评述："我们可以大致上说，其中一方面是坚信所有人类的问题都可以因为科学方法的采用而迎刃而解。但是只要仔细研究他们的文章，就可以发现丁文江是拥护皮尔森（Pearson）的科学的哲学，胡适是拥护杜威的实用主义，陈独秀自认是辩证唯物论者，而吴稚晖则是18世纪唯物主义的幽默拥护者。从他们后来的发展来看，他们之间所表现出来的差异性，事实上远比他们共同追求的'科学'这个口号的共同性要大。在中国现代思想史上不乏这种语言上的陷阱，而罗孚若的警告与此特别有关。"③同时，中国知识分子因其接受马克思主义的传播渠道不

---

① 《毛泽东文集》第三卷，人民出版社1996年版，第290页。
② [美] 周策纵：《五四运动史》，岳麓书社1999年版，第421页。
③ [美] 史华慈：《关于中国思想史的若干初步考察》，韦政通编：《中国思想史方法论文选集》，上海人民出版社2009年版，第247页。

同，表现出对马克思主义的不同态度。费正清曾说："出生于
中国上层阶级的学生到法国和德国留学的，回国后常常变成
了革命者，特别是在第一次世界大战以后，他们的兴趣和活
动都是高度政治化。而从英美回去的学生多倾向于科学和人
文教育方面。"①

非马克思主义者的外延十分宽泛，"既包括反马克思主义
的人，也包括既不反对马克思主义，也不赞成马克思主义的
人，甚至还包括披着马克思主义外衣却干着反马克思主义事的
人"②。从一般意义上而言，非马克思主义者与马克思主义者在立
场、观点、方法方面表现不同，但在马克思主义的研究方面不
排除有共同话题。显然，只有严格限定正统的马克思主义，才
可能对马克思主义者和非马克思主义者作出严格和相互排他性
的区分。然而马克思主义在中国传播的过程中，对于马克思主
义的理解不尽相同，无论是教条的马克思主义者还是坚定的反
马克思主义者往往都尽可能在意识形态和政治领域中扩大马克
思主义历史的范围。非马克思主义者与马克思主义者是相对而
言，尽管马克思主义者产生之前的研究者也可以称之为非马克
思主义者，但不在本书的研究范围之内。"从思想史内在理路看，

①　[美]费正清：《伟大的中国革命》，刘尊棋译，世界知识出版社 2000 年版，
第 230—231 页。

②　张正光：《马克思主义中国化视域下的非马克思主义者探论》，《现代哲学》
2013 年第 4 期。

一个西方自由知识分子转向信仰马克思主义，必须完成两个转折。一个为权利道德化，即将权利运用到经济领域，并用经济地位不平等来论证权利的虚妄。第二个转折为放弃二元论认同一元论。"①根据史华慈的研究，戴季陶、胡汉民等人所注重的是建立一个独立而强大的国家，马列主义只是作为他们民族主义方案的思想基础，当共产国际干预与插手时，他们便不能容忍，由"共产主义者"转为"反共产主义者"，然而在与共产主义者辩论时，仍然使用马克思主义的术语。②在20世纪30年代的知识界，陶希圣运用马克思主义的方法来分析历史，认为中国欲走向社会主义，需要的不是阶级斗争，而是阶级联合和政治秩序。这种思想观念及立场背后，是中国独特历史文化所孕育的思想特质。那么，从这一点看，将科学家划分为马克思主义者和非马克思主义者，就变得毫无意义。陶希圣曾把社会主义分为三派：国民党的民生主义、共产党的共产主义和社会学家的社会主义。蓝公武说，社会主义的派别极多，但在理论上却大致相同，概括来说"就是要求分配平等"，即"产业公有和消灭私有财产制度"，而在方法上则主张"阶级斗争"。③"社

---

① 金观涛、刘青峰：《中国现代思想的起源：超稳定结构与中国政治文化的演变》，法律出版社2011年版，第381页。

② [美]史华慈：《中国的共产主义与毛泽东的崛起》，陈玮译，中国人民大学出版社2013年版，第23页。

③ 蓝公武：《再论社会主义》，《改造》第3卷第11号，1921年6月。

会主义者并不都是主张唯物论的。唯物论者也不一定就是共产主义者。这是要分别的。今日中国有不少的唯物论者，其中不少反对共产党的。反对共产党的唯物论者与社会主义者，最有地位的如叶青① 等。在学术上有贡献的又如张申府先生等。这些人在思想界是很有些力量的。"② 瞿秋白曾经在谈论苏维埃经济政策时，涉及对非马克思主义者的评价："共产党现在在乡间往往遇着极端冷淡态度，或竟厌恶极甚。农村经济的建设，大可赖'非共产党的共产主义者'——宗教的新村派。他们虽非马克思主义者，而信念深切，否认私有制度，已非资产阶级心理者。共产党影响因人厌恶而不能到的地方，宗教的新村派都可以到。"③ 据许纪霖研究，各种社会主义思潮不仅左右了激进的马克思主义者，而且也广泛影响了保守主义乃至自由主义等各类中国知识分子。④ 胡适也曾以历史决定论的态度，指出社会主义是不可逆转的大潮流："十八世纪的新宗教信条是自由平等博爱，十九世纪中叶以后的新宗教信条

---

① 叶青（1896—1990），原名任卓宣，字启彰，四川南充人，国民党中央宣传部副部长。早年曾赴法国勤工俭学，与周恩来、邓小平等一起组织和开展共产主义运动，曾担任过中共旅欧支部书记。后来，叛变投敌，打着马克思主义的旗号反马克思主义。

② 陶希圣：《中国今日的思想界》，《中国近代思想家文库·陶希圣卷》，中国人民大学出版社 2014 年版，第 415 页。

③ 瞿秋白：《赤都心史》，东方出版社 2015 年版，第 257 页。

④ 许纪霖：《在自由与公正之间：社会民主主义在中国》，《现代中国思想史论》下卷，上海人民出版社 2014 年版，第 755 页。

是社会主义。"① 从 20 世纪上半叶的历史情势来看，一个人不信仰点社会主义，才真正有点不可思议。以《柔石日记》为例，1928 年 12 月，他写着"中国人素来没有信仰"，"中国革命之失败就在这一点"。然后可以看到由他早先所信持的个人主义、人道主义渐渐转向真正的"主义"，也就是"社会主义""共产主义"。②

　　现代中国的知识分子正是源于对马克思主义理论的认知不同，导致了不同的立场观点方法，最终选择了不同的政治立场。以胡适为代表的反对马克思主义的知识分子对马克思主义虽有所了解，但是其立场是反对马克思主义，当然不能成为马克思主义者；以陈公博、周佛海、任卓宣（叶青）为代表的对马克思主义不坚定的知识分子，因政治环境等因素的变化而放弃革命理想，也不能成为真正的马克思主义者；以王明为代表的一些党内知识分子不能真正把握马克思主义科学理论体系和精髓，虽能熟读马克思主义的词句，但他们只是教条主义地理解马克思主义，因而也不能成为真正的马克思主义者。孙中山在《三民主义》第二讲中鲜明指出："我们讲到民生主义，虽然是很崇拜马克思的学问，但是不能用马克思的办法到中国来

　　① 　胡适：《我们对西洋近代文明的态度》，欧阳哲生编：《胡适文集》（4），北京大学出版社 1998 年版，第 10 页。

　　② 　姚锡佩：《前言》，赵帝江、姚锡佩编：《柔石日记》，山西教育出版社 1998 年版，第 7 页。

实行，这个理由很容易明白。……所以照马克思的党徒，用马克思的办法来解决中国的社会问题，是不可能的。"在孙中山看来，共产主义与民生主义是没有什么分别，要分别的还是方法。孙中山曾引用一位美国学者的观点论证民生主义，"马克思以物质为历史的重心是不对的，社会问题才是历史的重心，而社会问题中又以生存为重心，那才是合理"。孙中山肯定这种观点："与吾党主义若和符节。这种发明就是民生为社会进化的重心，社会进化又为历史的重心，归结到历史的重心是民生，不是物质。"[1] 由于孙中山对马克思的"物质"概念的这种简单化理解，并没有认识到生产关系在社会历史发展过程中的作用，因而没有能够转变为一位马克思主义者。因此，毛泽东曾经说："能够依据马克思列宁主义的立场、观点和方法，正确地解释历史中和革命中所发生的实际问题，能够在中国的经济、政治、军事、文化种种问题上给予科学的解释，给予理论的说明。"[2] 正是出于这种不同的理性认知，五四以后知识分子开始产生意见分歧，终至分道扬镳，或走上教育救国的道路，或走上科学救国的道路，他们各自写下自己的历史。

---

[1] 《孙中山全集》第 9 卷，中华书局 1986 年版，第 365 页。
[2] 《毛泽东选集》第三卷，人民出版社 1991 年版，第 814 页。

二、现代中国知识分子对马克思主义
哲学研究的历史脉络

本书所研究的知识分子，主要是指现代中国的知识分子这个群体。据许纪霖研究，从晚清到民国，知识分子在社会的影响力，大致经过两个阶段，第一阶段是 19 世纪末到 20 世纪 20 年代末，是知识分子影响力的上升时期，知识分子借助大学、传媒和各种社团的公共网络，与城市资产阶级一起建构了一个足以与中央权力平行抗衡的民间社会。第二阶段是 20 世纪 30 年代初到 20 世纪 40 年代末，由于政治权力的变化，是知识分子影响力的下降时期。① 根据这种变化，一部分知识分子对马克思主义的研究从政治性的话语转化为学术性的话语，使得对于马克思主义的研究更加客观、更加冷静。因此，现代中国知识分子对马克思主义的传播与研究大致可以分为三个历史阶段：1927 年之前的翻译传播②、1927 年至 1935 年唯物辩证法研究、1935 年至 1949 年走出从西方近代哲学理解马克思主

---

① 许纪霖：《启蒙如何起死回生：现代中国知识分子的思想困境》，北京大学出版社 2011 年版，第 25 页。

② 安启念将五四新文化运动到 1927 年称为马克思主义哲学中国化的准备阶段（安启念：《马克思主义哲学中国化研究》，中国人民大学出版社 2006 年版，第 201 页）。

义的困境。

　　马克思主义从传入中国开始，就与一系列社会思潮纠缠在一起。19 世纪 80 年代，中国人对马克思与社会主义的理解，是从《礼记·礼运》篇所描述的社会理想来阐释，从谭嗣同的《仁学》到康有为的《大同书》，无不如此，正如蔡元培评述说："我们中国本有一种社会主义的学说。"①1898 年，胡颐谷将克卡朴的《社会主义史》以《泰西民法志》为名译成中文出版，书中介绍了马克思主义的一些观点。1902 年，上海广智书局翻译出版了日本学者福井准造的《近世社会主义》一书，表达了马克思的"以讲究经济上之原则，而认信真理与正助"的唯物史观意蕴。1903 年，中国达识社翻译的日本学者幸德秋水的《社会主义神髓》出版，介绍了"一切社会之所以组织者，必以经济的生产及交换之方法为根底"的唯物史观观点。1903年，"无政府主义"一词首次在中国出现，师复、刘师培、孙中山、江亢虎等思想家为其所吸引。"一九〇七——一九一一年，一些先进的中国知识分子认为，无政府主义是社会主义的精髓。"②其后，甚至李大钊、毛泽东、蔡和森等第一代马克思主义者都不同程度受其影响。从这些历史的轨迹中不难看出，

　　① 蔡元培：《社会主义史序》，林代昭、潘国华编：《马克思主义在中国——从影响的传入到传播》下册，清华大学出版社 1993 年版，第 98 页。
　　② ［美］伯纳尔：《一九〇七年以前中国的社会主义思潮》，丘权政、符致兴译，福建人民出版社 1985 年版，第 199 页。

儒家思想、进化论、无政府主义在中国实际上起到了传播社会主义思想的桥梁作用。俄国十月革命的胜利，连同其废除沙皇的在华特权，使马克思主义为中国向何处去指明了一条新的道路。早在 1911 年，《民力副刊》就苏俄与马克思主义的关系进行了评论。作者认为资本家、社会主义（早期）、共产党（马克思）是欧洲的三大怪物。列宁领导下的俄国共产党是冒牌的马克思主义，趋向于暴力革命，而马克思是不赞成暴力革命的。由此，否定了俄国的工人运动。对于俄国问题的关注，体现在能否实现和如何实现共产主义问题的讨论中，即"俄罗斯的实验"（河上肇语），这里包含了两个方面的问题，第一什么是共产主义（这是理论问题，因此翻译作品范围更多了，包括有《哥达纲领》《法兰西内战》《国家与革命》等）；第二，俄国革命的状况，包括过渡期分配问题、国家权力问题、过渡期长短。在此基础上，引起了对中国革命的思考，李达、施存统等人提出了这样的疑问，"中国何时能够发生社会革命"。李达在分析柯祖基、伯恩斯坦、考斯基、工团主义等各类社会主义之后，赞同俄国的多数主义，即劳工专政。但他也指出，"中国社会革命究竟采用何种范畴的社会主义，大概也只有按国情和国民性决定。不敢说中国应该实行多数派，却又不敢说中国决不适宜多数派"。① 由此可见，中国人以俄为师并非盲目跟

---

① 李达：《马克思还原》，《新青年》1921 年第 8 卷第 5 期。

随。蔡和森在给陈独秀的信中，分析了俄国革命发生的缘由，并将中国革命放入世界视角中考察，认为其具有必然性。① 由此可见，这一时期的马克思主义的形象不仅拘泥于理论，而且涉及东方问题、俄国革命、中国革命、中国无产阶级社会党等问题。

唯物史观在中国的传播，是以 1919 年 5 月 5 日《北京晨报》发表了记者陈博贤② 翻译河上肇《马克思的唯物史观》一文为起点。全文对唯物史观的介绍虽然简单，但基本上把握住了唯物史观的精神实质。此后，陈博贤又翻译了马克思的《劳动与资本》③（即《雇佣劳动与资本》）、考茨基的《马氏资本论释义》④（马克思的经济学说）等文章。另外，早期马克思主义的中文译作不一定是在持马克思主义立场的报刊上发表的，其中比较集中的有《民国日报》的副刊《觉悟》《东方杂志》《学艺》《星期评论》等。在中国共产党成立之前，关于马克思主义著作的中文翻译并不多，主要有《共产党宣言》、《资本论》（节选）、《雇佣劳动与资本》、《哥达纲领批判》、《法兰西内战》、《论犹太人问题》、《神圣家族》、《哲学的贫困》、《政治经济学批判手

---

① 蔡和森：《通信：马克思学说与中国无产阶级》，《新青年》1921 年第 9 卷第 4 期。

② 陈博贤，中国现代名记者和报人，时任北京《晨报》编辑兼该报驻东京特派员。

③ 陈博贤：《劳动与资本》，《晨报》1919 年 5 月 9 日至 1919 年 6 月 1 日。

④ 陈博贤：《马氏资本论释义》，《晨报》1919 年 6 月 3 日至 1919 年 6 月 11 日。

稿》、《社会主义从空想到科学的发展》。[1]1919 年 5 月，李大钊发表《我的马克思主义观》一文，比较完整地表达了他对马克思主义的理解，这标志着中国第一位真正对马克思主义有研究的马克思主义者产生了，也成为中国马克思主义者与非马克思主义者之间的一个分水岭。1919 年 5 月，黄凌霜在《马克思学说的批评》一文中对马克思主义进行系统的攻击，并且明确指出："作者批评马氏的学说，对于他的经济论和唯物史观，以德人 E.Bernstein 的批评为根据，对于政策论的批评，以俄人 Z.Kropotkin 的批评为根据。"[2] 这样，以黄凌霜和区声白（无政府主义正统派）、朱谦之（新虚无主义）、郑太朴（中国式的无政府主义）等为代表的非马克思主义者与马克思主义者展开了关于马克思主义学说的论争。

当然，并不是非马克思主义者就一定是反马克思主义的。1919 年，在"问题与主义之争"中，胡适曾高度评价唯物史观："马克思主义的两个重要组成部分：一是唯物的历史观，一是阶级竞争说。唯物的历史观，指出物质文明与经济组织在人类进化社会史上的重要，在史学开一个新纪元，替社会学开无数门径，替政治学开许多生路。这都是这种学说所涵意义的表现，不单是这学说本身在社会主义运动史上的关系了。……

---

① 　［美］费正清编：《剑桥中华民国史：1912—1949 年》上卷，杨品泉等译，中国社会科学出版社 1994 年版，第 502—503 页。

② 　黄凌霜：《马克思学说的批评》，《新青年》1919 年第 6 卷第 5 号。

这种历史观的附带影响——真意义——是不可埋没的。"① 胡适的弟子顾颉刚的评论，就更是为学界所周知："近年唯物史观风靡一世……他人我不知，我自己决不反对唯物史观。我感觉到研究古史年代、人物事迹、书籍真伪，需用于唯物史观的甚少……至于研究古代思想及制度时，则我们不该不取唯物史观为其基本观念。"② 陈衡哲在 1924 年 5 月 28 日曾致信胡适说：

> 你说我反对唯物史观，这是不然的。你但看我的那本《西洋史》，便可以明白，我也是深受这个史观影响的一个人……我承认唯物史观为解释历史的良好工具之一。③

1920 年秋，张东荪陪来华讲学的罗素去湖南演讲。回来后发表了一篇题为《由内地旅行而得之又一教训》的短文，"或则我们也可以说有一个主义，就是使中国人从来未过人的生活的都得着人的生活，而不是欧美现成的甚么社会主义，甚么国

---

① 胡适：《四论问题与主义——论输入学理的方法》，《每周评论》第 37 号，1919 年 8 月 31 日。

② 顾颉刚：《古史辨·第四册序》，《中国近代思想家文库·顾颉刚卷》，中国人民大学出版社 2014 年版，第 246 页。

③ 耿云志：《胡适年谱》，《胡适研究论稿》，四川人民出版社 1985 年版，第 397 页。

家主义，甚么无政府主义，甚么多数派主义等等"①。由此，张东荪遭到了马克思主义者的猛烈抨击，也引发了 20 世纪 20 年代关于社会主义的论战。杨瑞六（1885—1966）早在 1920 年 8 月就提道：

今不数年，而马克思之名喧传于全国。上自所谓名士，下至初级学生，殆无不汲汲于马克思学说之宣播。其原因果何在乎？岂有此俄国多数党之胜利有以影响于我国之思想界乎？抑西欧共党社会党之活动直接传布于我国之青年学子而后波及于全国之人心乎？两者均不似也。俄国之革命虽轰动全世界，且据报告所传，中国工人有在俄组织军队者，有组织工党者，然窃观今日学界所用以鼓吹之文字，似不自俄国直接输入而来。此固易解，因国人习俄文者不多，俄国革命之真相且不易了解，而况乎革命之原因与其动机乎？至于西欧工党社会党之活动，固欧战停止后惹人注目之事，而当战时，则均闻其无声也。即最近事实亦不若我国鼓吹之甚。岂耶稣死于小亚而生于欧洲乎？或释迦死于印度而生于中日乎？我不信传播如是之速也。或以为我国近来每事取自日本，社会主义亦不过其一例

① 张东荪：《由内地旅行而得之又一教训》，《中国现代思想史资料简编》第 1 卷，浙江人民出版社 1982 年版，第 81 页。

耳。此说或可征信，盖日本近年来鼓吹社会主义，可谓空前大活动。①

杨瑞六提到的现象，通过问题与主义、关于社会主义之争、与无政府主义争论等论战集中反映出来，扩大了马克思主义在中国的影响，划清了社会主义同资本主义，科学社会主义同资产阶级、小产阶级社会主义流派的界限，使得马克思主义者与非马克思主义者之间鲜明地区分开来。随之，马克思主义逐渐成为中国思想界的显学。正如艾思奇所说："任何顽固的旧学者，只要不是甘心没落，都不能不拭目一观马克思主义的典籍"②。1933 年，艾思奇在所写《二十二年来之中国哲学思潮》一文中，把自辛亥革命以来的中国哲学划分为三大思潮：一是"输入底资本主义型之哲学"；二是"封建底哲学传统之不断的复归"；三是"唯物辩证法哲学"。1945 年，贺麟在所著《当代中国哲学》一书中，把近 50 年的中国哲学发展划分为三大思潮：一是实用主义，其政治背景是自由主义；二是辩证唯物论，其政治背景是共产主义；三是古典哲学的新发展，其政治背景是三民主义。可见，在中国马克思主义不仅和无政府主义社会主义同时传入，还混同于法国大革命和启蒙思想中。据李

① 杨瑞六：《马克思学说评》，《太平洋》1920 年第 2 卷第 7 号。
② 艾思奇：《二十二年来之中国哲学思潮》，《艾思奇文集》第 1 卷，人民出版社 1981 年版，第 66 页。

泽厚研究，与实用主义相比，马克思主义有两大不同：一是承认世界有某种客观规律，二是从而对未来世界怀抱某种乌托邦大同理想，愿为之奋斗，并将人生意义寄托于此，这也就是马克思主义的伦理学，它具有准宗教功能。[①] 对五四后期知识分子群体的这种分化，毛泽东曾说："五四运动的发展，分成了两个潮流。一部分人继承了五四运动的科学和民主的精神，并在马克思主义的基础上加以改造，这就是共产党人和若干党外马克思主义者所做的工作。另一部分人则走到资产阶级的道路上去，是形式主义向右的发展。"[②]

随着马克思主义在中国的传播，越来越多的知识分子投入到了对马克思主义的研究当中。有资料统计，从 1919 年 8 月到 1920 年 4 月半年多时间，国民党的杂志《建设》共刊登有关马克思主义和社会主义的各类文章 20 余篇（次），占全部篇目的 15%—20%。孙道升在其《现代中国哲学界之解剖》一文中，最早将马克思主义称为"新唯物论"，对其作出简要评述，其中也注意到了知识分子对马克思主义哲学的研究：

> 新唯物论亦称辩证唯物论，马克思、恩格士、伊里奇等所倡导之哲学也。这派哲学移植于中国，亦是近二十

---

① 李泽厚：《历史本体论·己卯五说》，生活·读书·新知三联书店 2003 年版，第 149 页。

② 《毛泽东选集》第三卷，人民出版社 1991 年版，第 832 页。

年来的事。当初主其事者，实为一般共产党的党员，但近来亦有不是共产党的党员而从事于此派哲学的发扬者。……这一派哲学的哲学家为数最多，如陈独秀、李大钊、李季、叶青、陈豹隐、李石岑、张申府、张季同、吴惠人等诸先生都是。这一派哲学的著作，为数亦不少，有名的则推李季的《辩证法还是实验主义》、陈隐豹的《社会科学方法论》、张季同的《关于新唯物论及辩证唯物论的知识论》、吴惠人的《马克思的哲学》、叶青的《张东荪哲学批判》等。①

在中国共产党成立之前，关于马克思主义著作的中文翻译并不多，主要有《共产党宣言》、《资本论》（节选）、《雇佣劳动与资本》、《哥达纲领批判》、《法兰西内战》、《论犹太人问题》、《神圣家族》、《哲学的贫困》、《政治经济学批判手稿》、《社会主义从空想到科学的发展》。② 第一次出现中国共产党的文献是 1922 年《向导》刊发的《今日派之所谓马克思主义》。文章并非从正面描述中国共产党，而是将其放置于当时社会众多马克思派的比较中阐释的。作者田诚（早期马克思主义者）认为，"中国现在唯一的革命的马派的政党是中国共产党，仅

---

① 孙道升：《现代中国哲学界之解剖》，《国闻周报》1935 年第 12 卷第 45 期。
② 〔美〕费正清编：《剑桥中华民国史：1912—1949 年》上卷，杨品泉等译，中国社会科学出版社 1994 年版，第 502—503 页。

仅中国共产党才能代表中国的马克思主义的发展，而且个个真实的马派都应该跟着中国共产党去赞助国家主义的革命运动才是"。不难看出，当时对共产党的关注并不多，社会存在诸多马派意味着，中国共产党并未占据主流地位。如果说，之前通过俄国问题，间接地提出"中国何时能够发生社会革命"的疑问，那么 1922 年知识分子更加关注的是"马克思供给于中国，他的学术对中国特别紧要的地方是什么"。① 就中国问题而言，一方面，从理论上寻找马克思与中国的联系，《马克思与中国》一文梳理了马克思对中国社会的相关论述，涉及鸦片战争、太平天国、世界市场。并寻找到了中国革命的依据，"中国恰起来作加尔马鄂儿的舞蹈"②。另一方面，从中国社会现状确证中国共产党的必要性。

在第一历史阶段，"1924—1927 年间，最为重要的特点，是马克思主义思想在城市知识界的迅速传播，并且成为知识界最主要的思潮"③。马克思主义者对马克思主义哲学的研究，还处于翻译、介绍、传播阶段，也正是源于马克思主义者的这种研究水平，影响甚至决定了现代中国知识分子的理论水平。伍

---

① 竞人：《马克思纪念：我们纪念马克斯的意义》，《晨报副刊》1922 年 5 月 5 日。

② 亚里赞诺夫：《马克思与中国》，《向导》1925 年第 124 期。

③ ［美］费正清编：《剑桥中华民国史：1912—1949 年》上卷，杨品泉等译，中国社会科学出版社 1994 年版，第 435 页。

启元曾这样评价这一时期的思想界的研究特点："中国总逃不出'模仿'的工作。例如张君劢不过想做中国的柏格森，胡适不过想做中国的杜威，陈独秀不过想做中国的马克斯，郭沫若不过想做中国的恩格尔，甚至最近梁簌溟提倡中国文化的文章，也不过是'模仿'罗素的理论吧！"[①] 早期的马克思主义者对马克思主义研究侧重于理论在中国革命实践中的应用，知识分子则侧重于学理，对于在中国革命实践中的应用，基本上持有异见。"可是他们所以敢公然将他们的一知半解发表出来……是因为国内缺少真正介绍马克思学说的著作，大家得不到一个比较，故无从辨其真伪。"[②]

关于现代中国知识分子对马克思主义研究的第二历史阶段，主要集中表现为 1927—1935 年唯物辩证法研究。郭湛波在《近五十年中国思想史》一书中认为："近五十年中国思想之第三阶段。以马克思的'唯物史观'为主要思潮，以辩证法为方法，以辩证唯物论为基础，以中国社会史为解决中国问题的钥匙。"[③] 这里所谓的第三阶段，郭湛波划分为"北伐成功"至 1936 年，这个时代的思想人物可以冯友兰、张申府、郭沫若、李达为代表。贺麟在《五十年来的中国哲学》一书中指出："我们要批评的第二个现代思潮便是辩证唯物论，这个思

---

① 伍启元：《中国新文化运动概观》，现代书局 1934 年版，第 179 页。
② 李季：《马克思通俗资本论序言》，《新青年》1926 年第 3 期。
③ 郭湛波：《近五十年中国思想史》，上海古籍出版社 2010 年版，第 135 页。

潮传播于 1924 年孙中山实行三大政策、北伐、大革命之初，盛行于'九一八'事变时政府采取不抵抗态度，国共分裂后很长一段时间。"① 一些马克思主义者转向了非马克思主义者的阵营。这种转向，在北伐前夕已经开始，1923 年到 1925 年，以杜国庠、王学文、萨孟武、周佛海、郭心崧为核心进行了长达两年之久的"经济政策讨论"。经过讨论，在理论上出现了分化，加上国民党的高压政策，一些早期的中共党员也出现了"转向"。谭辅之认识到："自 1927 年后，政治运动的路碰了壁，于是有许多人转到学术思想路上来。的确，行动在先，而思想在后。及到加以思想、反思，则感觉到政治运动是离不了理论工作。……于是群起介绍新兴的哲学和社会科学。"② 在知识分子的学术视野中，"马克思列宁一派的思想就成了世间最新鲜动人的思潮"。而在革命家的眼中则是"革命的文学艺术运动，在十年内战时期有了大的发展"③。这些文献材料共同揭示了一种历史现象，1927 年之前，由于五四运动与北伐运动，马克思主义在中国的传播速度很快，但还谈不上研究，尤其对于非马克思主义者是如此；1927 年之后，蒋介石发动的"四一二"等一系列反革命行动，对马克思主义在社会的传播起到了消极的影响，"共产党作为马列主义意识形态认同团体，其核心

---

① 贺麟：《五十年来的中国哲学》，上海人民出版社 2012 年版，第 73 页。
② 谭辅之：《最近的中国哲学界》，《文化建设》1937 年第 3 卷第 6 期。
③ 《毛泽东选集》第三卷，人民出版社 1991 年版，第 847—848 页。

也大多来自于出身地主资本家之新知识分子，他们的家庭利益同样也受到群众革命运动的损害"①。"四一二反革命"政变后，随着国民党与共产党之间的决裂，在意识形态方面针锋相对的角逐开始白热化。国民党加紧在政治上围剿马克思主义，其中 1929 年《广西公报》刊登《广西省政府训令：第七八八号（中华民国十八年三月廿三日）：令民政厅厅长：案准广西省党务指导委员会咨据陆川县独立区党部呈报于县邮局检查有少年先锋马克思主义顽皮子等反动书籍仰即严饬所属一体查禁勿任流传文》一文；1931 年蒋介石在《陆海空军总司令行营党政委员会公报》中，训令各区分会、匪区分县准江西省政府呈准内政部密咨查禁反动刊物"中华革命问题"及"极右派马克思主义"二书一案对于剿匪区域各县呈请察核施行等由令仰严密查禁由。其结果是，使一部分知识分子的共产党员脱党，隐入书斋与大学校园开始从学术上研究马克思主义。尤其是在陈独秀的周围，由彭述之、郑超麟、陈亦谋、王凡西等人形成了一个"托陈取消派"的反党小集团。在这个集团中有不少学者，成为后来研究马克思主义的代表人物。例如，高语罕（1888—1948），曾用名程始仁，1923 年加入中国共产党，1928 年 12 月 15 日随陈独秀等签名发表八十一

---

① 金观涛、刘青峰：《开放中的变迁——再论中国社会超稳定结构》，法律出版社 2011 年版，第 259 页。

人的《我们的政治意见书》，参加托陈取消派活动。后到北京大学任教，编译马克思等人的著作，出版《辩证法经典》。刘炳黎在《最近二十年国内思潮之动向》一文中曾这样评述，1927年国民党在事实上胜利了，但在理论上失败了，共产主义在事实上失败了，而在理论上却胜利了。1927年以后，"市场上的各种社会科学书籍，几无不以用唯物辩证法来研究为获得青年学子的欢心。文化论坛上和大学文法教室中，其所讨论和研究者，几无不以唯物辩证法为工具或马克思主义为骨骼"①。

在马克思主义中国化的过程中，1927年无疑具有风向标的意义。中华民族再次徘徊在历史的十字路口，"中国往何处去"成为知识分子学术研究的聚焦点，即对中华民族的前途命运转化为学术理论问题。"马克思主义在20年代的中国思想界一直占有优势，但是在1927年之前是具有民族主义涵义的、列宁的马克思主义给中国知识分子留下了深刻的印象。直到他们在革命运动中遭遇到作为一个整体的社会，他们才充分认识到马克思主义社会学作为一种社会的整体理论的全部意义；他们也随之认识到马克思社会主义作为一种社会的整体理论的全部意义；他们也随之认识到革命要求对社会结构进行变

---

① 刘炳黎：《最近二十年国内思潮之动向》，《前途》杂志第5卷第7期，1937年7月16日。

革。"① 这种历史现象反映到当时的学术文献表现为，1926 年开始出现关于三民主义优于马克思的几篇文章，朱彬元的《马克思社会主义》②、周的《孙先生的话（四）：近来美国有一们马克思的信徒……》③、蔡绥堂的《言论：马克思派共产主义与民生主义之异同》④，主要观点是抨击马克思以经济为改革重心，以阶级斗争为革命方法，不适合中国国情。到 1928 年，关于孙中山与马克思对比的文章明显增多，而且成为这一年的主要问题域。其中，基于支持三民主义批评马克思的文章为主流，一些文章主要是认为马克思不适合中国，三民主义才适合中国，中国的现状不适合阶级斗争，而应该是联合各阶级发展民生；马克思的那一套在后来的历史现实发展中被证明错误了，没有按马克思预期的走。⑤ 另外一些文章则偏向从学理的角度阐释马克思错，孙中山对，例如认为历史的重心是民生，而不是物

①　[美] 阿里夫·德里克：《革命与历史——中国马克思主义历史学的起源，1919—1937》，江苏人民出版社 2010 年版，第 226 页。

②　朱彬元：《马克思社会主义》，《清华周刊》1926 年第 25 卷第 14 期。

③　周：《孙先生的话（四）：近来美国有一们马克思的信徒……》，《潮潮》1926 年第 4 期。

④　蔡绥堂：《言论：马克思派共产主义与民生主义之异同》，《奋斗生活》1927 年第 1 卷第 5 期。

⑤　协华：《马克思共产主义和民生主义的异点》，《美亚期刊》1928 年第 25 期；士纯：《总理与马克思的理论之比较研究》，《感化》1928 年第 3 期；王赐余：《转载：孙中山主义与马克思主义之比观较》，《三民半月刊》1928 年第 1 卷第 1 期；汉文：《孙文主义与马克思主义（未完）》，《党基》1928 年第 6 期；汪文：《孙文主义与马克思主义（一续）》，《党基》1928 年第 7 期。

质。① 其中也有一些从学理上探讨二者异同，得出二者互补相通的观点。② 对这个问题的回应主要见瞿秋白的文章，他认为孙中山完全不懂马克思，只是在欺骗广大工农群众，孙中山完全是资产阶级政策，中国必须实行彻底的革命。总之，对孙中山的三民主义完全持否定态度。③ 1929 年，一些文章站在三民主义的立场上，批评马克思列宁主义是完全错误过时的政治观点。有的认为马克思只是社会的病理家④；有的用轶事来讽刺马克思主义的唯物史观不是实在，不能实行⑤；有的从清党运动说起，认为此事件已经充分暴露马克思列宁主义的错误，试图从学理上批评马克思，认为唯物史观、阶级斗争、剩余价值都有错误，从革命实践、政治制度上批评列宁是独裁专制，认为列宁是世界的罪人⑥；有的从物质为历史之中心、阶级斗争、余值说、资本集中说、共产主义之完成五个方面批评马克思理

----

① T.C.：《马克思唯物史观之批评》，《三民半月刊》1928 年第 1 卷第 3 期。

② 马浚：《孙中山与马克思》，《现代中国（上海）》1928 年第 2 卷第 1 期。

③ 秋白：《马克思主义还是民生主义？（未完）》，《布尔塞维克》1927 年第 1 卷第 11 期；秋白：《马克思主义还是民生主义？（续）》，《布尔塞维克》1928 年第 1 卷第 12 期；秋白：《马克思主义还是民生主义（续）》，《布尔塞维克》1928 年第 1 卷第 14 期。

④ 《党义问答：马克思何以是社会病理家?》，《邮声》1929 年第 3 卷第 3 期。

⑤ 瘦生：《唯物史观和马克思轶事》，《革命论坛》1929 年第 2 期。

⑥ 缪斌：《马克思列宁与中国共产党（未完）》，《大无畏周刊》1929 年第 2 期；缪斌：《马克思主义底破片性列宁主义底狼毒性证明中国共产党底反革命》，《中央半月刊》1929 年第 1—4 期。

论是机械唯物论，对经济现象的分析不合现在时代发展，存在根本性错误。[1]1927年大革命失败以后，受到国民党政府的思想管制，马克思主义受到种种质疑声音，马克思主义在中国遇到合法化的困境。中共中央已经觉察到国民党在意识形态方面的主要反对观点："马克思主义不合中国"[2]。毛泽东后来总结说："过去，特别是开始时期，我们只是一股劲儿要革命，至于怎么革法，革些什么，哪些先革，哪些后革，哪些要到下一阶段才革，在一个相当长的时间内，都没有弄清楚，或者说没有完全弄清楚。"[3]在一定意义上说，对于当时年轻的共产党来说，要在短时间内融会贯通地掌握和运用马克思列宁主义确实是困难的。

当历史迈入20世纪30年代，马克思主义在中国知识界成为显学，无论是马克思主义者还是非马克思主义者都在研究，只是立场观点方法的不同而已。20世纪二三十年代，知识分子曾一度热衷于对社会学的研究，甚至对马克思主义和历史唯物论的著作也是以社会学研究为名义出现的，例如李达的《社会学大纲》。与此同时，三民主义则已经从社会学中分离出来，成为不同于马克思主义的理论体系。据学者对20世纪30年代初《东方杂志》《申报月刊》《读书杂志》《独立评论》《国闻周报》

---

[1] 诸青莱：《马克思学说简评》，《光华期刊》1929年第5期。
[2] 《中央关于马克思逝世五十周年纪念的决议》，《红旗周报》1933年第58期。
[3] 《毛泽东著作选读》下册，人民出版社1986年版，第826页。

《复兴月刊》《再生杂志》《大公报》《申报》等 30 多种刊物的不完全统计，有 100 多人在这些刊物上发表过 200 多篇谈论或主张社会主义的文章。①1930 年，有一些学者坚持遵从学理的态度，忠实介绍马克思。例如，介绍马克思生平和著作中的五要素（价值论、资本积聚论、阶级斗争说、唯物的人生观、革命的方法及其成功之要素）②；就固定资本与流动资本区别的问题，依次分析了重农学派、正统学派和马克思关于此问题的不同观点，得出马克思正确区分生产资本和流通资本，学理性很强；③遵从严肃的学理态度，认为国内许多学者对马克思的批判都是捏造，并不懂马克思的学说，所以翻译日本学者对马克思的批判。④

　　对于这种历史性的转向，艾思奇曾谈道，1927 年以后唯物辩证法风靡全国，"人道主义的鲁迅先生抛弃了人道主义，李石岑⑤先生撇开了尼采，朱谦之先生听说也一时成为辩证法唯物论者"。胡绳曾评论道："可是从老哲学的圈子里，也逐渐

　　①　郑大华：《20 世纪 30 年代中国知识界的社会主义思潮》，《旌勇里国史讲座》第 3 辑，当代中国研究所编，2012 年。

　　②　邓秉钧：《马克思生平及其著作（未完）》，《北大学生》1930 年创刊号。

　　③　余精一：《马克思固定资本与流动资本论（上）》，《留德学志》1930 年第 1 期；余精一：《马克思固定资本与流动资本论（续）》，《留德学志》1930 年第 2 期。

　　④　高畠素之、粟剑超：《马克思资本主义崩坏说之批判（未完）》，《社会改造》1930 年第 1 卷第 2 期；高畠素之、粟剑超：《马克思资本主义崩坏说之批判》，《社会改造》1930 年第 1 卷第 3 期。

　　⑤　李石岑（1892—1934），原名邦藩，湖南醴陵枧头洲人，中国现代哲学家。代表作有《哲学概论》《郎格唯物论史》《西洋哲学史》《辩证法史》等。

有了新的气息在扩张。如冯友兰①氏早在1934年已相当接受了唯物史观，而张申府氏、张季同氏也是倾向于唯物辩证法的；在第三次哲学年会中全增嘏氏还指出'融贯哲学与政治'的必要，甚至观念论者如张东荪氏对于救亡问题也有了相当合理的见解。"②史华慈也曾评论道："正是在这一时期，马克思列宁主义对经常处在远离共产主义运动的圈子中的中国全部知识分子的生活中产生了巨大的影响，后来中国知识分子轻易地接受了马克思列宁主义假说，其基础就是这一时期奠定的。"③

1926年6月6日李汉俊在《觉悟》（《民国日报·副刊》）上发表《研究马克思学说的必要及其我们现在入手的方法》一文，其中提道：

> 在我们中国，现在关于马克思学说的书很少，我们将所有的照易难的次序分别列出来罢：
>
> 关于全豹的：
>
> 一、近世经济思想论（河上肇著，李培天译）〔1〕

---

① 冯友兰（1895—1990），字芝生，河南南阳人。中国当代著名哲学家、教育家。代表作《中国哲学史》《中国哲学简史》《中国哲学史新编》《贞元六书》等，被誉为"现代新儒家"。

② 胡绳：《论近两年来的思想和文化》，《胡绳全书》，人民出版社1998年版，第50页。

③ 〔美〕史华慈：《中国的共产主义与毛泽东的崛起》，陈玮译，中国人民大学出版社2013年版，第67页。

二、共产党宣言（马格斯、安格尔斯合著，陈望道译）〔2〕

关于唯物史观的：

一、唯物史观解说（郭泰著，李达译，中华书局发行）〔3〕

二、经济史观（塞利格曼著，陈石孚译）〔4〕

三、社会主义与进化论（高昌素之著，夏丏尊、李继桢合译，新时代丛书社）〔5〕

四、达尔文主义与马克思主义（新时代丛书社）〔6〕

关于阶级斗争的：

一、阶级斗争（柯祖基著，恽代英译，新青年社发行）〔7〕

关于经济学说的：

一、马克思资本论（马尔西著，李汉俊译）〔8〕

二、工钱劳动与资本（马克斯著，袁让译）〔9〕

三、马克斯经济学说（柯祖基著，陈溥贤译）〔10〕，此外还有高畠素之著李达译的社会问题总览，和生田长江、本间久雄合著周佛海〔11〕译的社会问题概观里面，也有关于马克思学说的部分叙述，也可以做我们研究的参考。①

---

① 转引自刘岳兵：《"日本马克思主义"：民国时期中国学界回望》，《读书》2012 年第 1 期。

上面提到的十二种书籍，其中〔1〕〔2〕〔4〕〔5〕〔10〕五种著作的作者是非马克思主义者，占了三分之一多，〔6〕〔11〕一书的作者后来脱离共产党，也成为非马克思主义者。

1929 年中国关于马克思主义的翻译情况①

书名	著者	译者	书局
社会科学概论	杉山荣	李达钱铁如	昆仑
观念形态论	青野季吉	若俊	南强
辩证法的逻辑	狄芝根	柯柏年	南强
新唯物论的认识论	狄慈根	杨东莼	昆仑
康德的辩证法	戴溥林	程始仁	亚东
斐希特的辩证法	戴溥林	程始仁	亚东
费尔巴哈论	恩格斯	彭嘉生	南强
宗教哲学社会主义	恩格斯	林超真	沪滨
辩证法的唯物论	—	李铁生	江南
现代世界观	A.Thalheimar	李达	昆仑
旧唯物底克服	佐野学	林伯修	江南
辩证法唯物论	狄慈根	柯柏年	联合
辩证法的唯物观	狄慈根	杨东莼张乐原	昆仑

---

① 君素：《一九二九年中国关于社会科学的翻译界》，《新思潮》月刊 1930 年第 2、3 期。

书名	著者	译者	书局
新社会之哲学的基础	K.kosch	彭嘉生	南强
无神论	佐野学	林伯修	江南
唯物史观与社会学	布哈林	徐楚生	北新
史的一元论	蒲列哈诺夫	吴念慈	南强
社会学底批判	亚克色利罗德	吴念慈	南强
唯物的社会学	赖也夫斯基	陆一远	新宇宙
社会进化之铁则	萨可夫斯基	高希圣	平凡
社会形式发展史	—	陆一远	江南
社会进化论	巴恩斯	王斐孙	新生命
经济学入门	伍尔模	龚彬	北新
经济学大纲	河上肇	陈豹隐	乐群
马克思主义经济学	河上肇	—	启智
社会主义经济学	河上肇	邓毅	光华
资本论入门	河上肇	刘楚平	晨曦
学生的马克思	拉皮多斯	吴曲林	联合
政治经济学	阿斯托罗维将诺夫	陆远	江南
工资价格及利润	马克思	朱应祺	泰东
工资劳动与资本	马克思	朱应祺	泰东
哲学底贫困	马克思	杜友君	水沫
资本论概要	W.H.Emmett	汤澄波	远东

续表

书名	著者	译者	书局
资本论解说	博洽德	李云	昆仑
辩证法与资本制度	山川均	施复亮	新生命
资本主义批判	山川均	高希圣	平凡
唯物史观经济史 （上、中、下）	山川均 石滨知行 何野密	熊得山 施复亮 钱铁如	昆仑
社会主义经济学史	住谷悦治	宓敦五	昆仑
唯物观的经济学史	住谷悦治	熊得山	昆仑
马克思经济学说的发展	河西太一郎 猪侯津南雄 向坂逸郎	萨孟武 樊仲云 陶希圣	新生命
家族私有财产及国家 之起源	恩格斯	李应扬	新生命
欧洲无产政党研究	—	施复亮	新生命
社会主义及其运动史	Laidler	杨代复	中央政治 学救
英国社会主义史	乔治般生	汤浩	民智
科学的社会主义之梗概	—	画室	泰东
社会主义思想之史的解说	久保田明光	丘哲	启智
基督教社会主义	—	李博	—
科学的社会主义	波多野鼎	高希圣	平凡
社会主义论理学	考茨基	叶星	平凡
社会主义概论	Cohen	华汉光	远东

续表

书名	著者	译者	书局
欧战后社会主义的新发展	Shadwell	胡庆育	远东
近代社会思想史要	平林初之辅	施复亮 钟复光	大江
社会主义与进化论	堺利彦	张定夫	昆仑
马克思恩格斯传	李阿萨诺夫	李一氓	江南
革命与考茨基	V.I.Ulianoff	—	中外 研究会
两个策略	V.I.Ulianoff	—	中外 研究会
劳资对立的必然性	河上肇	汪伯玉	北新

任何理论的研究都需要追本溯源，马克思主义中国化也不例外。依据上表，这一年来关于马克思主义的翻译出版中，唯物辩证法的书籍比较流行，意味着中国知识分子已经开始对马克思主义的研究有了进一步的需要。何兹全后来回忆说："当时，上海出现很多小书店，争着出版辩证法、唯物论、唯物史观的书。我是这些书的贪婪的读者。"① 土地革命战争时期，上海泰东书局、上海平凡书店曾出版过"马克斯（思）研究丛书""马克思学体系丛书"，但是这两套丛书只有少部分是马克思、恩格斯原著的

---

① 何兹全：《我所经历的 20 世纪中国社会史研究》，《史学理论研究》2003 年第 2 期。

中文译本，大多数是马克思主义思想阐释性著作的中文译本。翻译和介绍马列主义的经典著作，离不开中国共产党的不懈努力。1928 年 7 月，中共六大制定了《宣传工作的目前任务》的文件，提出"最后的一个任务——时间比较长些——就是发行马克思、恩格斯、斯达林、布哈林及其他马克思主义、列宁主义领袖的重要著作"①。为了落实中共六大这一指示，1928 年 10 月，《中央通告第四号——关于宣传鼓动工作》中指出，"有计划的编译与出版马克思列宁主义的重要著作小册子等"②。中央苏区出版 400 多种书籍小册子，包含数十种马克思主义著作，而马克思恩格斯原著并不多，主要是列宁与斯大林的著作。③1933 年，为了纪念马克思逝世五十周年，中共中央不仅发表《为马克思逝世五十周年纪念告民众书》，而且还作出了《中央关于马克思逝世五十周年纪念的决议》。在《中央关于马克思逝世五十周年纪念的决议》中指出，责成中央宣委立即编译"马克思主义和列宁主义之理论基础"和"十二次全会"各种小册子，成立各种公开的学术组织(如社会科学研究会、马克思主义研究会)。④同年，中央局成立马克

---

① 《宣传工作的目前任务》，《建党以来重要文献选编(一九二一——一九四九)》第 5 册，中央文献出版社 2011 年版，第 489 页。

② 《中央通告第四号——关于宣传鼓动工作》，《建党以来重要文献选编(一九二一——一九四九)》第 5 册，中央文献出版社 2011 年版，第 603 页。

③ 严帆：《中央苏区新闻出版印刷发行史》，中国社会科学出版社 2009 年版。

④ 《中央关于马克思逝世五十周年纪念的决议》，《建党以来重要文献选编(一九二一——一九四九)》第 10 册，中央文献出版社 2011 年版，第 126 页。

思主义研究会分会，以此促进把马克思主义普遍到各省区县的党政机构，使每个工作人员都能了解马克思主义，并能应运到实际工作中去。据统计，从 1927 年到 1937 年，共出版各类马克思主义著作 100 多种，仅一些左翼社会科学工作者翻译的马恩列著作就达 113 种之多。① 这一时期，之所以形成了马克思主义经典著作的翻译、出版热潮，就在于无论是马克思主义者，还是非马克思主义者，都试图运用马克思主义理论来阐释中国历史和现实。

经过 20 世纪 30 年代的"中国社会史论战"之后，唯物辩证法在社会科学研究中更加流行。周楞伽② 在《写作生活》中说："1930 年，在我的写作生活上，可说是一个大转变。我从文学转向社会科学的研究，读了许多新兴的社会科学书，学得了正确地世界观。"③ 在一定程度上，辩证法唯物论满足了当时人们信仰世界的需要：

　　辩证法唯物论盛行于"九一八"前后十年左右，当时有希望的青年都受此影响。

　　……因为当时青年情志上需要一个信仰，以为精神

---

①　《中国共产党历史》第 1 卷（上册），中共党史出版社 2002 年版，第 469 页。

②　周楞伽（1911—1992），江苏省宜兴人，20 世纪最具传奇色彩的作家，中国古典文学学者，毕其一生，给我们留下上千万字的著述。

③　周楞伽：《生活之一页·写作生活》，《东方杂志》1935 年第 32 卷第 1 期。

的归宿，行为的指针。辩证法唯物论便恰好提供了一个主义的信仰，不能从实验主义那里得的。不但这样，这新思潮既有实际的方案，又有俄国革命成功为其模范，国内又有严密坚固的组织，凡此都是不能从实验主义那里得到的。①

1937 年 7 月 2 日，《大公报》"文艺"第 356 期季英写了一篇文章《诗坛的"丰灾"》，认为研究社会科学的人如果不能站稳"主义"的立场去作文章，则等于是说"糊涂话"：

> 依研究社会科学的人的习气来说，凡遇到一件事情要说几句话的时候，总得先说明立场……我要在这儿赶快说明：我是唯物的。以下论到诗，我不能离弃我的说话的立场。这立场很要紧。因为我生怕像专作糊涂诗的诗人们一样去说一堆糊涂话。②

20 世纪 30 年代，由于世界经济持续恶化和苏联"一五计划"的成功，苏联所代表的社会主义成为中国知识分子的精神归宿。美国中国史家傅乐诗对丁文江"新式独裁论"的思想根

---

① 贺麟：《五十年来的中国哲学》，上海人民出版社 2012 年版，第 77 页。
② 陈之迈：《研究社会科学必须先有立场吗?》，《独立评论》1937 年第 244 期。

源曾作出精辟的分析："在对政府的看法上，他仍然信奉中国历史上的极权主义和官僚主义体制，不过，到了他生命终结时，他作出了进一步的努力去更新其内容。他主张专家治国的、社会主义的独裁，那是他以自己对斯大林俄国的解释为样板而几乎不走样地临摹出来的。"①

从 1935 年开始，中国知识分子对马克思主义的研究逐渐进入到了第三历史阶段。20 世纪三四十年代的知识分子经历过五四运动的洗礼，大都有留学欧美的经历，受过良好专业训练，很多学者成为现代中国学术高峰的代表。1935 年，张申府发动的以"中国化"为核心的"新启蒙"运动，对新民主主义的文化理论产生了重要影响。② 知识分子开始意识到西方的思想文化，如果不能中国化、具体化，对于中国而言毫无意义。"知识分子匆匆着手于融合中西文化的工作，但这又陷入了另一个更深刻的现实悖论，即创造新文化的急迫历史需求与新文化所必需的历史前提不成熟之间的矛盾。……从整体角度观察五四时期，其所实现的仅仅是意识形态的蜕变，而非文化心态的真正变革，它只推倒了一具孔夫子的观念偶像，而远未

---

① Charlotte Furth（傅乐诗）:《丁文江:科学与中国新文化》(*Tinge Wenchiang: Science and China's New Culture*, Cambridge, Mass: Harvard Uniersity Press, 1970), cha. 8, pp. 280-289。

② 雷颖:《孤寂百年:中国知识分子十二论》，广西师范大学出版社 2015 年版，第 21 页。

掘掉深埋在国民集体潜意识中的孔家祖坟。"①1937年1月，中国哲学会在南京举行第三届年会，拉开了哲学领域中国化的大幕。在这种学术大潮中，冯友兰提出了新理学、贺麟提出了新心学、金岳霖提出了新道学、熊十力提出了新唯识论。这种思想的转向，也影响到了当时知识分子对于马克思主义的研究。社会学家、长期在定县做改良工作的李景汉在1937年出版的《中国农村问题》一书中认为："农村的主要问题是由社会生产关系而起的阶级的冲突问题，或是在农业生产，交换或分配过程中人与人之间的社会关系问题。农业生产的根本工具是土地，因之土地问题可说是农村问题的基点。""农村问题之解决的最大障碍是现有的土地制度。土地问题解决了以后，农村问题才有解决之可能。我们亦要认清土地问题之重心是读题制度，即生产关系而不是生产技术。"②因此，在知识分子对马克思主义哲学的研究中，开始批判西方近代哲学的思维方式，摒弃对马克思主义经典著作的教条式理解，从更深远的文化层面去研究马克思主义。随着1949年新中国的成立，一部分知识分子选择去往香港、台湾，其余的知识分子开始转向马克思主义。1950年，朱谦之在《五十自述》中对自己进行了反省和批判，"然而今年却是我新生之一年，新生犹如小孩般地喊出

---

① 许纪霖：《一幕沉重的悲喜剧——40年代"融合"中西文化的回顾》，《时代与思潮》1989年第2期。

② 李景汉：《中国农村问题》，商务印书馆1937年版，第23、127页。

'我'字，而我却喊着'群众'；新生有如翻天覆地般从思想的包袱里翻身出来；新生使我高举着学习马列主义和毛泽东思想的大旗"①。

三、现代中国知识分子对马克思主义哲学研究的历史特点

纵观马克思主义中国化史，这是批判与反批判之路，也是对马克思主义哲学理解和诠释的推进之路。五四运动以来的多次思潮论争，从"问题与主义之争"到"社会主义论战"，从"无政府主义论战"到"科玄之争"，从"中国社会性质论战"到"唯物辩证法论战"，马克思主义都是在互相论辩批评中扩大自身思想影响。与现代中国知识分子对马克思主义的传播、翻译、诠释，都使得我们对马克思主义中国化有着某种新的解读、认识和领悟，也拓展了马克思主义哲学的研究领域。

现代中国知识分子从学术的视角对待与研究马克思主义。王学典曾提出："既然马克思主义本身就存在着'政治内容'

---

① 朱谦之:《五十自述》,《朱谦之文集》第 1 卷,福建教育出版社 2002 年版,第 111 页。

与'学术内容'的区分，那么，一部分人赞成并采纳其中的学术内容而拒绝其中的政治内容在客观上就是可能的。"①"因为马克思学说既然在现代思潮中有他的地位，故一切学术思想上，暂时不可解的问题，一般学者都要引马克思学说来试试，全部恰可应用，自然再好没有。"②知识分子也并不是完全反对马克思主义，即使曾经挑起唯物辩证法论战的张东荪，也在其编写的《唯物辩证法论战》的序言中说："本书专对唯物辩证法作反对的批评。乃只限于所谓赤色哲学，而绝非对于共产主义全体而言。因为本书著者数人可以说差不多都是赞成社会主义的。倘共产主义一辞与社会主义有一部分相同，亦可以说在某种意义上是不反对共产主义。"③参加唯物辩证法论战的牟宗三也曾说："我们在北平念书的时候，坊间的书店，满坑满谷都是左倾的书。北平在当时是最左倾的。从那个时候，共产党那一套 ideology 就征服了中国。"④"照我个人讲，当我在学校读书时，左倾的思想满天下。那一套 ideology，我通通都读。……那时候我把共产主义那一套东西通通都拿来读，它有

---

① 王学典：《现代学术史上的唯物史观——论作为"学术"的马克思主义》，《山东社会科学》2004 年第 11 期。

② 斗南：《文学论与马克思主义之关系》，《京报》1931 年 5 月 23 日。

③ 张东荪编：《唯物辩证法论战·弁言》，北平民友书局 1934 年版，第 1 页。

④ 牟宗三：《文化建设的道路——现时代文化建设的意义》，《牟宗三先生全集》第 23 册，台北联经出版事业股份有限公司 2003 年版，第 376 页。

一定的讲法，我也很清楚。"①

> 这些我通通读，可是我却没有受它的影响，读哲学系的人多得很，比我聪明的人多得很，但是没有人好好考虑马克思这些话站得住站不住。我没有偏见，我不是资本家，不是地主，也不是官僚，在社会上没有地位，也没有身份。我只是把它们一个个衡量，就发现没有一个站得住的。你马克思批评逻辑，我就把逻辑仔细地读一读，矛盾律、同一律、而排中律这三个思想律是什么？你唯物辩证法怎样来批驳这三个思想律？是不是相应？三个思想律能不能反驳？你的批驳对不对？②

王民③在《唯物辩证法批判》一书的前言中阐释了自己研究的态度：

> 研究唯物辩证法，已经不是很容易的事，批判就更

---

① 牟宗三：《哲学的用处》，《牟宗三先生全集》第 23 册，台北联经出版事业股份有限公司 2003 年版，第 158 页。

② 牟宗三：《哲学的用处》，《牟宗三先生全集》第 23 册，台北联经出版事业股份有限公司 2003 年版，第 158 页。

③ 王民（1912— ），合肥人，字啸生。早年毕业于安徽大学政治经济系。后留学美国凡德尔大学经济发展研究所。曾任安徽大学讲师、女子师范学院教授、政治大学教授，著有《中国哲学思想综合研究》《唯物辩证法批判》等。

难了，但是研究任何一种学理，都要有批判的精神，批判
有时可以使研究更正确，更精深，可以帮助研究的发展。
因此，就是在研究的过程中，批判也是应该同时进行的。
研究的过程是无限的，假如等研究好了再批判，恐怕永无
其日；而且不带批判态度去研究一种学理，也很容易被那
种学理所支配，以致弄得"好而不知其恶"。我敢批判唯
物辩证法，就是基于这种做学问的态度。在目前的研究过
程中，我对于唯物辩证法是如此批判，至于日后的进步，
也许会改变现在的意见。①

所谓纯粹意义上学术研究不存在，在学术的背后有着不同
的意识形态与政治倾向。但单纯从政治意识形态来评说，没有
学理的根据。据侯外庐回忆说，个个都把唯心主义哲学家冯友
兰、贺麟视为对立面。每次聚会、一碰头就谈冯友兰、贺麟，
分析他们的政治动向，研究他们的每一篇新文章。这个情况，
所有同志都认为是天经地义的。冯友兰对于来自马克思主义者
的批评，曾这样说道："在 40 年代，我的每一部书出来都受到
当时的进步人士的批判。我当时对于这些批判，一概不理，也
不答辩。我当时想，他们不懂，我同他们之间没有共同的语

---

① 王民：《唯物辩证法批判·前言》，国民图书出版社 1944 年版，第 1—2 页。

言。"①无论知识分子接触马克思主义的动机是什么，这个群体努力从经典入手并致力于探究、传播经过消化吸收的马克思学说，在客观上促进了马克思主义中国化。

现代中国知识分子对马克思主义的传播与研究起到了一定的学术推动作用。1929年下半年起，王礼锡应陈铭枢之邀，主持神州国光社编务。陈铭枢回忆说："我接办'神州'时，王礼锡向我建议说'这个书店应当帮助左翼作家（包括共产党的作家），为他们提供一个写作的原地'。"②在短短两三年时间里，先后出版了马克思的《政治经济学批判》、马克思恩格斯的《德意志意识形态》（郭沫若译）、列宁的《唯物论与经验批判论》（傅东华译）、普列汉诺夫的《战斗的唯物主义》（杜畏之译）、德波林的《斯宾诺莎与辩证唯物主义》（杨东莼译）、河上肇的《通俗剩余价值论》、高畠素之的《资本论大纲》（施复亮译）、李嘉图的《政治经济学和赋税原理》（郭大力、王亚南合译）等书。1929年，朱谦之去日本留学，中央研究院赋予他一项研究课题："社会史观与唯物史观之比较研究"，他不惜重资收集历史哲学相关资料，"如列宁的《唯物论与经验批判论》，我现藏即有中、苏、英、日四种版本，而山川均、大

---

① 冯友兰：《三松堂自序》，生活·读书·新知三联书店1984年版，第279页。

② 陈铭枢："神州国光社"后半部史略》，《陈铭枢纪念文集》，团结出版社1989年版，第82页。

森义太郎的日译本，尚是我在一九二九年七月九日在东京岩松堂夜间购得，时距该书发行日尚差一日，是值得纪念的"。胡绳在"顾颉刚先生诞辰一百周年学术讨论会"上讲话时明确提出："马克思主义对非马克思主义的态度是分析批判的态度——吸取了其中有价值的东西，否定其中无价值的东西"，"甚至应该说，否定是为了吸取，在一定的意义上吸取比否定更重要"。① 那时的知识分子虽然不一定信奉马克思主义，大多能学术地对待，重视学理的研究，注意收集最新的研究成果与文献资料。其中，吴乐平的《马克思主义精粹》一文非常具有代表性，文章观点在当时看来已经非常接近真正的马克思的思想，是对当时学界存在的对马克思的众多误读和批判的有力回应。这篇文章解决的问题：一是成体系，从马克思学说的起源到两大创造性理论支柱，以及社会科学主义进行系统性论述；二是在哲学上指出马克思开启哲学的革命（唯物论＋能动的辩证法），从而论述唯物史观不是机械唯物论，更不是经济决定论；三是从政治经济学上指出剩余价值如何解决政治经济学的内在矛盾，商品背后是人和人的关系；四是从社会主义的角度指出马克思超出社会主义的乌托邦，建立真正的科学社会主义规律，从而解释了无产阶级实行革命

---

① 胡绳：《建设社会主义，要吸取人类以往的全部文化——在"顾颉刚先生诞辰一百周年学术讨论会"上的讲话》，《中华文化论坛》1994 年第 1 期。

的历史必然性，指出联合各阶级，反对无产阶级专政者的根本错误；五是论述社会主义革命的实现道路和策略；六是彻底驳斥马克思的反对者。① 比如，陶德麟在谈到梁漱溟思想转变对马克思主义哲学中国化的意义时，曾这样评价，"梁漱溟始终没有转变成马克思主义者，他仍然是新儒学的代表人物。但这对我们要说明的问题并不重要，重要的是他确实经历了由反对马克思主义到吸收马克思主义的转变过程，而且在吸收过程中也为马克思主义哲学中国化提供了一些值得借鉴的思想资料"②。

在早期知识分子对马克思主义的批判，主要是针对日本以及苏联传播路径的马克思主义。"中国没有俄国那种'合法马克思主义'。《资本论》等马、恩、列的好些基本理论著作长期以来并无中译本。李大钊、陈独秀、毛泽东……这些中国的最大的马克思主义者当时没有读过许多马列的书，他们所知道的，大都是从日本人写作和翻译的一些册子中所介绍、解说的马克思主义和列宁主义。"③ 日本学者对马克思主义的翻译、传播与研究过程中，带着日本实际与自己的主观理解，把马克思

---

① 吴乐平：《马克思主义精粹》，《新思潮》1930 年第 4 期。
② 陶德麟、何萍主编：《马克思主义哲学中国化：历史与反思》，北京师范大学出版社 2007 年版，第 632 页。
③ 许纪霖：《二十世纪中国思想史论》下卷，东方出版社 2000 年版，第 456 页。

主义理解为"根本解决"的学说、"经济命定论"、"经济史观"，受其影响中国马克思主义者也一度这样理解，由此成为非马克思主义者批判的对象。朱谦之评价河上肇的《马克思主义经济学基础理论》说："上篇论马克思主义的哲学基础，可算日文中关于历史唯物论的最好参考书了。但是河上氏因他始终带着理想主义的倾向（堺利彦也这样说他），其所谓唯物史观，究竟是否和马克思、燕格尔的唯物史观完全一致，很是问题。"并且还进一步论到其辩证法，他根据日本思想家土田杏村的批评，而对河上肇的"辩证法，是否真是唯物辩证法"发生怀疑，又根据三木清对河上肇的批评，而感到"在我国思想界所认为日本数一数二的马克思主义者，他的辩证法的唯物论，也是不可靠极了"。

马克思主义著作的汇编统计[①]

	1927年前	1928年	1929年	1930年	1931年	1932年	1933年	1934—1937年
马克思恩格斯	16	4	5	13	1	6	1	3
列宁	35	—	8	3	6	4	7	9
斯大林	8	—	3	3	1	3	6	17

---

① 资料来源：张静庐：《中国出版史料（补编）》，中华书局1957年版，第447—475页。

　　在 1928 年到 1930 年出版的 10 本"马克思研究丛书"中，仅有 2 本是马克思的原著，其余 8 本是介绍和研究马克思主义的著作。1937 年以后，《马恩选集》《唯物论与经验批判论》《俄国资本主义之发展》《列宁选集》《联共（布）党史》先后出版，在翻译和介绍马列主义的经典著作方面取得相当成绩。有学者曾经指出，马克思主义中国化始于 19 世纪末 20 世纪初，在理论形态上直接继承了列宁的哲学传统，在思维方式上则明显地带有这一时期马克思主义哲学研究的特点。① 这一论断，从马克思主义文献的翻译与传播也可以看出：1927 年之前列宁和斯大林的中文译著超过了马克思和恩格斯。而且，这些译本往往处理得很差，偏见强；而在编译者的选辑中普遍反映了译者的一时之兴或是个人倾向；1927 年之后，马克思、恩格斯的中文译著数量急剧地增长。到 1937 年，所有马克思、恩格斯以及其他欧洲马克思主义思想家如普列汉诺夫、考茨基的重要著作，都已被译成中文，有的还不止一个版本。② 尽管马克思主义文献的翻译与传播有很大进展，但还不是很理想，"在翻译和介绍马列主义的经典著作方面，在数量上来说，尚比英、美、法、日等国兄弟党落后，如《马恩全集》英、法、德、俄、

---

　　①　何萍、李维武：《马克思主义中国化探论》，人民出版社 2002 年版，第 31 页。

　　②　Cheng Hsueh-chia, "A Brief Account of the Introduction of Karl Marx's works in to China", *Issues and Studies*, November 1967, pp.6-10.

日文已出版，中文还没有；《列宁选集》英、法等文早已出齐，中文尚只出了八本；此外，如马克思和列宁的许多著作，只是到最近数年，才出苏联马、恩、列学院出版的，如马克思的《历史笔记》，马克思关于高级数学的著作；马克思的《德国意识形态》，列宁的《哲学笔记》，他的关于著《帝国主义论》一书的笔记等等，中文尚未出版。《列宁全集》还没有动手翻译成中文。就质量上来说："那末应该指出：除莫斯科《外国工人出版社中文部》和延安《解放社》所出版者外，其他翻译都有许多严重的错误；并且，就是我们自己出版的，也非常有错误。"①1941 年 7 月，孙冶方写信给刘少奇，谈到轻视理论研究和强调经院式研究的两种对立倾向，并希望举出几个把理论与实践正确结合起来的"中国例子"。刘少奇回信强调使马克思主义中国化的困难，并部分地把这方面进展不大的原因归咎于很少党员能读马列原著。

对于这一现象，美国学者詹姆斯说："对中国的同志们来说，他们的革命战略不是从马克思主义的历史传统中发现的，而是取自苏联共产党对它的解释。……他们的马克思主义的知识在事实上是贫乏的，因此他们大大依赖于共产国际的顾问，来自莫斯科的指令和材料。"②在传播苏联的马克思主义哲

① 杨松：《关于马列主义中国化的问题》，《中国文化》1940 年第 5 期。
② ［美］詹姆斯·R. 汤森等：《中国政治》，江苏人民出版社 2004 年版，第127 页。

学中，瞿秋白并不区分列宁哲学和苏联马克思主义哲学，也不区分普列汉诺夫哲学和列宁哲学、布哈林哲学和斯大林哲学，而是把这些哲学都看做是统一的苏联马克思主义哲学加以介绍，但他却区分了苏联马克思主义哲学中的普遍性和特殊性的内容。① 苏联哲学的系统化带来了马克思主义哲学思维的单一性，这不仅使马克思主义中国化曾经出现认知上的偏差和实践上的不足，也成为知识分子批评诟病马克思主义的一个重要原因。随着中国革命不断遇到挫折，中国共产党人逐渐认识到在革命事业中遇到的许多困境，仅仅依靠唯物史观是不够的，必须从马克思主义哲学层面予以解释，正如恩格斯指出的那样："唯物主义历史观及其在现代的无产阶级和资产阶级之间的阶级斗争上的特别应用，只有借助于辩证法才有可能"②。

1937 年，蔡尚思在《两年来之中国思想界》一文中指出：

> 当此时代，在编译外国书籍方面，既以编译"辩证唯物论"、"唯物史观"、"新政治经济学"、苏联整个社会情形一类书籍最受读者的欢迎；而在整理中国学术方面，许多头脑清楚的学者，也采用这新方法去研究中国社会史、中国思想史等。又不但在社会上、思想上很敬礼苏联及马

---

① 何萍：《20 世纪马克思主义哲学：东方与西方》，人民出版社 2012 年版，第 358 页。

② 《马克思恩格斯选集》第 3 卷，人民出版社 1995 年版，第 691—692 页。

恩等；就是文艺上，亦有同样的倾向，如于国外则最崇拜普式庚、高尔基，于国内则最崇拜鲁迅，近来文艺界对于三人的死与纪念，皆有空前未有的热烈表示。①

谭辅之在《最近的中国哲学界》一文指出：

自五四运动而后，至一九二七以前，中国的哲学界为西欧的旧哲学所笼罩着。其间虽也有新哲学之介绍（如胡汉民先生所译考茨基的《伦理与唯物史观》，以及胡汉民和戴季陶先生关于唯物论和唯物史观之介绍和叙述），但在哲学界没有引起过多大的波纹。而且就是介绍的人，也是有意无意地，并没有一定的立场和计划。在这一段时期中，虽也间杂着许多复古的哲学企图，调和的哲学思想（如梁漱溟所作之《东西文化及其哲学》），但占据着指导势力的，仍为介绍进来的西洋旧哲学。②

在这次论战（科玄之战）中我们可以看出：虽然就是站在科学（唯物论）的立场的人，对于真正的新哲学仍是茫然所知，顶多也不过是些机械的素朴的唯物论者，然而，他们总在对于那由西洋介绍进来的形而上学的玄学，

---

① 蔡尚思：《两年来之中国思想界》，《蔡尚思全集·蔡尚思外集》，上海古籍出版社 2005 年版，第 122 页。

② 谭辅之：《最近的中国哲学界》，《文化建设》1937 年第 3 卷第 6 期。

*开始攻击了。*①

五四运动之后，"当时中国盛行的唯物论的科学主义与辩证唯物论和唯物史观一拍即合，社会主义和乌托邦理想叠加起来，正好是一种超越现有西方制度的以共产主义为最高纲领、以取消私有制为现实目标的理想和社会观"②。三民主义理论家戴季陶、胡汉民是在中国最早提倡历史唯物论和经济决定论的。在黄埔军校的政治训练班中，他们都以唯物史观讲解三民主义。③甚至1928年中国知识分子就社会发展史进行大论战时，马克思主义者和三民主义者双方都是基于经济决定论来讨论问题的，分歧仅在于对中国社会性质与发展阶段认识不一致。④国共合作破裂后，国民党进行清共，为了在意识形态上划清三民主义与马列主义的界限，三民主义理论家才逐步抛弃唯物史观，但仍在科学主义的其他流派中寻找自己的根据。

张君劢对马克思主义的研究是学术性的，在政治上是予以肯定的。他说："19世纪之人权论，以信仰、结社、宗教、财

---

① 谭辅之：《最近的中国哲学界》，《文化建设》1937年第3卷第6期。

② 金观涛、刘青峰：《开放中的变迁——再论中国社会超稳定结构》，法律出版社2011年版，第208页。

③ 陈能治：《黄埔建校初期中共分子的渗透活动》，载《黄埔建校六十周年论文集》（上），"国防部"史政编译局1984年版，第176页。

④ 参见〔美〕郭颖颐：《中国现代思想中的唯科学主义（1900—1950）》，雷颐译，江苏人民出版社1989年版，第132—139页。

产为重，现在则推广到劳动权、生产权，可以说从前为个人主义，现在为社会主义。同一人权，其中意义一贯，绝无冲突。"①在针对马克思的科学社会主义时，张君劢的看法则体现为对"社会进化公例"特别是经济决定论的唯物史观的否定。他引用德国经济学家海克纳的话说：

> 马克思恩格尔之社会主义，所以与以上各派不同者，即在其生计的定命主义。其意味社会主义的秩序，不以人类之理智与善意为基础，乃由进化的趋向所生之必然之结果也。……故吾人之职责，不在发现进行之应如何，而在但指示其变迁之何若，依其所言，似为一种听其自然之态度，顾马氏辈弊精劳神于劳动党之组织者何耶？②

张君劢对马克思的批评着眼于"进化"的规律：

> 马氏著书，与两氏同不脱世纪中叶之彩色，即社会进化有一定公例，而为科学方法所能适用是也。马氏自名

---

① 张君劢:《二十年来世界政潮激荡中我们的立场》，中国第二历史档案馆编:《中国民主社会党》，档案出版社 1988 年版，第 95 页。
② 张君劢:《人生观之论战序》，《人生观之论战》(上)，泰东书局 1923 年版，第 6—7 页。

其主义曰科学的社会主义，以别于翁文辈之乌托邦的理想，且推定生计上之进化，遵正反合之唯物史观之原则，故资本主义之崩坏为不可逃之数。①

张君劢对于社会发展"规律"，特别是从经济角度推论资本主义的崩溃和社会主义的胜利的批判不是一种政治批判，而是一种知识批判，即以具体例证否认社会"规律"的存在，进而将社会科学排除出"科学"之外。② 张君劢的哲学基础是其对理性的认同：一是理性是自由的，以此反对英美的经验主义；一是理性又不是情感主义，拒绝环境决定论和历史决定论，拒绝宗教狂热式的革命，而这两者都构成对人的自由意志的否定。③ 在朱谦之的早年著作中，"物质"除了具有哲理上的意味之外，经常等同于经济状况、外在环境因素以及由此对人产生的限制。朱谦之不满于马克思唯物史观的主要原因，在于那是"以经济事情为中心的历史观，因他说明历史上的社会变迁，注意在社会上一切关系依于物质的条件而变化的原则。故此学说推到极端，把理想那样东西，也看作

---

① 张君劢：《人生观之论战序》，《人生观之论战》（上），泰东书局 1923 年版，第 6 页。

② 汪晖：《现代中国思想的兴起》下卷，生活·读书·新知三联书店 2015 年版，第 1358 页。

③ 汪晖：《现代中国思想的兴起》下卷，生活·读书·新知三联书店 2015 年版，第 1359 页。

不过物质的影子"①。

现代中国的知识分子对马克思主义哲学的传播和研究，极大地推动了历史唯物主义学说的发展。在中国社会史论战中，马克思主义的基本范畴成为论战各派成员所共享的理论前提和知识背景，由此也初步奠定了唯物史观在中国历史研究中的主导地位。英国学者杰弗里·巴勒克拉夫便发现："1930年以后，马克思主义的影响广泛扩展，即使那些否定马克思主义历史解释的历史学家们，也不得不用马克思主义的观点来重新考虑自己的观点。"② 在"关于中国社会史问题的论战"中，一些知识分子对马克思主义之发生兴趣，基本上把马克思主义当作杰出的社会科学。"陶氏（希圣）发现其三民主义思想体系放入马克思主义范畴的框架之中，竟然毫无障碍；而用马克思主义的分析，能引出非共产主义的结论。"③ 不仅如此，还有一些中国知识分子在翻译西方史学著作的过程中，接触了历史唯物主义，因为这些史学著作受到了马克思的社会经济史观。具有代表性的人物何炳松，他翻译了鲁滨逊的名著《新史学》，还将法国史学家塞诺波的著作《应用于社会科学上之历史研究

---

① 朱谦之：《革命哲学》，《朱谦之文集》第1卷，福建教育出版社2002年版，第133页。

② ［英］杰弗里·巴勒克拉夫：《当代史学主要趋势》，杨豫译，上海译文出版社1987年版，第32页。

③ ［美］费正清编：《剑桥中华民国史：1912—1949年》上卷，杨品泉等译，中国社会科学出版社1994年，第438页。

法》改写为《通史新义》。在这一时期，历史唯物主义的研究取得了三个大的成就：一是把文化哲学引入了历史唯物主义的研究，开发出对家庭、伦理和道德的起源和历史演变等方面的研究，从而对人类的经济、政治和文化做了起源学的说明，深化了马克思、恩格斯的历史唯物主义理论；二是以形式逻辑的视角，分析了辩证唯物主义的基本命题，厘清了马克思主义的哲学基础；三是发展了马克思主义历史主义方法。王宜昌曾说："在1927年以来，人们都利用着历史的唯物论研究得出的结论作为根本的指导原理，而将中国史实嵌进去。……各种杂志如'新生命'、'思想'、'新思潮'等中，多是依据历史的唯物论这根本的指导原理来。"①历史唯物主义的宏大格局、理论阐释、社会经济因素为中心的历史叙事特点以及革命史话语体系对传统认知的颠覆，为许多知识分子所重视；然而，其中存在的理论与史实结合中的公式化教条化倾向、结合现实的入世精神、部分观点与成果在史料支撑方面的缺失等问题，是造成现代中国知识分子对唯物史观评价各异、毁誉不一的主要原因。在这个意义上看，现代中国知识分子对马克思主义的传播、阐释包括批评，直接或间接构成了马克思主义中国化的有机内容，从而使中国马克思主义哲学由外来的哲学形态转换为中国自身的哲学形态。

---

① 王宜昌：《中国社会史短论》，《读书杂志》1931年第4、5期合刊。

现代中国的马克思主义者站在西方近代传统哲学意义上理解马克思主义，知识分子则从近代哲学的层面作出回应。马克思主义者从传统唯物主义来理解唯物辩证法，知识分子则指出唯物论与辩证法之间不可能结合的逻辑错误；马克思主义者从康德主义、马赫主义等唯心主义的哲学来理解马克思主义，知识分子则从心与物的关系，批判马克思主义不是现代哲学。传统哲学的最大特征在于妄图从理论上一劳永逸地把握整个世界，"经济决定论"无疑从根本上表现出了此种对历史现实的脱离，体现为对有机联系的社会构成要素或环节的割裂和重构上。现代中国知识分子用西方哲学家的概念和理论来批评马克思主义哲学基础，有的甚至把马克思主义片面理解为科学社会主义，缺乏哲学基础的马克思主义自然就会沦入了片面化、庸俗化的境地。正是这样的批评，促使马克思主义者对这些理论问题作出澄清，不仅捍卫了马克思主义哲学，而且使马克思主义哲学在中国成为更加完备而彻底的唯物主义。

理论脱离实际是现代中国知识分子的一个致命的弱点。"我们哲学理论的研究大大落后于中国革命的实践，我们的新哲学家多数还仅能做到辩证唯物主义原理的解释或传达，我们还没有一部真正中国化的新哲学教程。"① 作为理论的研究者，他们

---

① 和培元：《论新哲学的特性与新哲学的中国化——为延安新哲学会三周年纪念作》，《中国文化》第二、三期，第 94 页。

对马克思主义的文本是非常熟悉和精通的，却抽象地、教条主义地对待马克思主义，而不善于创造性地运用马克思主义理论解决中国实际问题。知识分子脱离实际，与他们身份多为大学教授，脱离中国革命实践活动是有一定关系，而更重要的是与他们在哲学认识论、辩证法方面的缺陷以及历史观中的某些错误，特别是对革命实践、对群众运动所采取的不正确的态度有着密切联系。与之不同的是，中国共产党始终坚持运用马克思主义理论，观察中国社会的历史进程，并同当时的革命实践相结合，促进了马克思主义中国化的历史进程。彭康十分明确地指出，现在我们的任务就是应用唯物的辩证法"来分析中国现实的社会以达到真理以建立指导行动的理论""解决一些紧迫的问题"。[1] 正是因为如此，马克思主义者不论在理论上还是在实践中，不论是政治上还是学术方面都代表了时代前进和社会进步的方向，这一点是无可置疑的。

---

[1]　彭康：《前奏曲》，上海江南书店 1929 年版，"叙言"及第 152 页。

第二章　新唯物论的科学向度

近代以来，在马克思主义中国化过程中，由于受到西方科学思维的影响，马克思主义者对马克思主义的理解打上了科学思维的烙印，用因果决定论阐释马克思主义哲学。现代中国知识分子则站在西方近代哲学传统的立场上，指出因果关系不能成为物质决定论的基础，反对将因果范畴运用到社会科学上来，提出应对马克思主义哲学应作出新的阐释。

一、作为科学的新唯物论

马克思主义传入中国之后，首要问题就是其立论的合理性问题。在当时历史环境下，马克思主义正是以科学的名义才得以进入知识分子的学术视野。1920 年开始，马克思主义传播与研究者不再停留在简单的理论引入环节。评论、评议马克思学说的文献比例逐渐增大。即便是介绍类的文章，作者也会根据内容加以分析与解释。比如，陈启

078

修① 等人在日本创办刊物《学艺》以讲稿形式介绍马克思主义经济学②，大量使用第一人称，说明对文本已经消化吸收，而不仅是翻译河上肇、高畠素之等人的作品。更为重要的是，一些研究者（如费觉天的《驳马克思的唯物史观》）表现出了对空想社会主义、西方历史、西方哲学有相当程度的了解，能够将马克思的学说置于不同文化视阈中加以研究。早期的马克思主义者在接受和理解马克思主义哲学时，把它作为一种"科学"。李大钊曾说："马克思主义之所以主张以经济为中心考察社会的改革的原故，是因为经济关系能如自然科学一样发现因果律，这样遂把历史学提到科学的地位。"这种理解马克思主义哲学的思想倾向，与20世纪初中国思想界形成的科学主义思潮密不可分。

（一）哲学的科学化倾向

近代中国知识分子对科学主义的理解，经历了一个漫长的历史过程，从洋务时期的器物形式，到维新变法时期的制度形式，再到五四新文化运动时期的价值观念形式。"科学的力量在于它将普遍主义的世界观与一种民族主义的／世界主义

---

① 陈启修（1886—1960），著名经济学家，是第一位翻译《资本论》的中国学者。

② 陈昭彦：《马克思主义经济学》，《学艺》1921年第3卷第7期。

的社会体制密切地关联起来，最终通过合理化的知识分类和社会分工将各种类型和取向的人类生活囊括在它的广泛的谱系内部。"① 据《剑桥中华民国史》研究，20 世纪 20 年代的归国留学生在中国和国外的经历所形成的心理上和知识上的压力，使他们一代中某些有政治头脑的一翼转向马克思主义；倾向于学术的一翼也需要新的信仰体系、新的指导原则。"科学"的普遍真理在改革家的思想中曾占重要地位，这种真理已经成为中国赶上外部世界的法宝。②1915 年，胡明复在《近世科学的宇宙观》一文中指出：

> 自科学之观点观察宇宙，有上述之三特性。而上述之三特性，又为科学发达必需之原因。不有上述之三特性，则无科学；故欲有科学，则不可不先假设自己可能为其起点，即不能不先假设宇宙之有此三特性。是以先有科学的宇宙观而后有科学，有科学而后科学的宇宙观有真正价值。则科学的宇宙观，科学之结果，亦科学之起点也。③

---

① 汪晖：《现代中国思想的兴起》下卷，生活·读书·新知三联书店 2015 年版，第 1395 页。

② [美] 费正清、费维恺编：《剑桥中华民国史：1912—1949 年》下卷，刘敬坤等译，中国社会科学出版社 1994 年版，第 365 页。

③ 胡明复：《近世科学的宇宙观》，《科学》1915 年第 1 卷第 3 号。

显然，胡明复把形而上学作为科学观的前提，这意味着对于科学的理解需要一整套宇宙观的支持。"在科学／传统的二元论中讨论归纳法的意义，核心的问题是用科学的宇宙观来代替传统的宇宙观，而宇宙观的改变必将涉及一系列的价值观的变化，因为伴随着宇宙观的改变，人与世界的关系变化了，人不得不重建自己在世界中的位置，而重建自己的位置的过程又涉及一系列的重新判断的过程。"[1]

1919 年，任鸿隽[2] 发表《何为科学家》一文，强调了科学的形而上学性：

> 科学的本体，还是和那形上的学同出一源的。……这理性派的主张，就成了现今的玄学，或形上学（玄学也是哲学一部分）。实验派的主张，就成了现今的科学。他们两个……虽然形象不同，却是同出一父。[3]

任鸿隽指出了科学不是自明的存在，而是以一种宇宙观为其假设的逻辑出发点。这种认知的背后有着中国传统的本体论思维因素，形上世界与形下世界是一体的，即使是最抽象的范

---

① 汪晖：《现代中国思想的兴起》下卷，生活·读书·新知三联书店 2015 年版，第 1149 页。

② 任鸿隽（1886—1961），著名学者、科学家、教育家和思想家。

③ 任鸿隽：《何为科学家》，《科学》月刊 1919 年第 4 卷第 10 期。

畴也没有脱离日常生活的经验性事物。西方的本体需要借助于
语言形式而超出了日常经验事物，它们的普遍性不是在一切经
验事物中所现成包含着的无所不在的普遍性，而是需要在语言
中说出来的普遍性。①

科学作为一种思潮，自然影响到了教育界。当时在长
沙晨光大学任教的王风喈教授，表达了 20 年代颇为流行的
态度：

> 旧的教育体系和旧的民族习惯被破坏了，新的教
> 育——根据科学的教育——已经开始……我们必须知道教
> 育制度不能通过模仿得来，必须从思考与实践中得来。西
> 洋教育不能整个的搬到中国来；必须斟酌中国国情，作出
> 适当的选择。所以我的结论是，新的教育必须以科学为指
> 导，理论要有科学的依据和证明，实践要遵循科学的方
> 法，结果要有科学的统计。②

随着科学的逐渐流行，学界把其作为学术研究的一种方
法。五四时期新潮社的重要成员毛子水从学术研究的角度作了
阐释：

---

① 邓晓芒：《论中西本体论的差异》，《世界哲学》2004 年第 1 期。
② 王风喈：《中国教育史大纲》，商务印书馆 1928 年版，第 5 页。

因为研究学术的最正当的方法就是科学的方法，所以科学——广义的科学——就是合法的学术。因此我们现在要研究学术，便应当从研究现代的科学入手。①

在这种历史情势下，20 世纪 20 年代开始，知识分子抛弃传统的生活哲学，接受科学的世界观：

这三十年来，有一个名词在国内几乎做到了无上尊严的地位；无论懂与不懂的人，无论守旧和唯心的人，都不敢公然对他表示轻视或戏侮的态度。那个名词就是"科学"。这样几乎全国一致的崇信，究竟有无价值，那是另一问题。我们至少可以说，自从中国讲变法维新以来，没有一个自命为新人物的人敢公然毁谤"科学"的。②

正是因为如此，是不是符合"科学"，就成为五四运动以后乃至今天评价任何一种理论的重要标准。在这种思想文化历史背景下，当时的理论界呈现出一些鲜明的科学主义思潮的基本特征，如强调科学意义和科学方法，认为只有用科学

① 毛子水：《〈驳新潮国故和科学的精神〉篇订误》，《新潮》1919 年 10 月第 2 卷第 1 号。

② 胡适：《科学与人生观序》，《科学与人生观》（上），上海亚东图书馆 1923 年版，第 2—3 页。

理论和科学方法才能对宇宙人生作出正确的、可靠的认识和说明，主张把哲学建立在实证和经验的基础上，成为一种认识论和方法论，来帮助人们获得这种正确的、可靠的认识和说明。① 陈独秀曾对科学的哲学是如此阐释的："实验主义的及唯物史观的人生哲学，不是指本体论、宇宙论的玄学，即所谓形而上的哲学。"② 李大钊、陈独秀尽管对唯物史观的理解上有所不同，但异中又有其同：都否认唯物史观的形而上学性，认为唯物史观具有实证特征与科学意义，同时又都不同意把唯物史观简单地等同于自然科学。李泽厚曾对科玄论战的性质有一段评述："科玄论战的真实内涵并不真正在对科学的认识、评价或科学方法的讲求探讨，而主要仍在争辩建立何种意识形态的观念或信仰。是用科学还是形而上学来指导人生或社会？所以这次学术讨论，思想意义大于学术意义，思想影响大于学术成果，它实质上仍然是某种意识形态之争。……是一场信仰科学主义的决定论还是信仰自由意志的形而上学的争论。"③ 无疑这场论战表明，科学概念本身再也不能为科学派与玄学派提供任何一致的思想基础。

从严复到毛泽东，对赫伯特·斯宾塞的社会达尔文主义和

---

① 何萍、李维武：《马克思主义中国化探论》，人民出版社 2002 年版，第234 页。

② 《陈独秀文章选编》（中），生活·读书·新知三联书店1984年版，第350页。

③ 李泽厚：《中国现代思想史论》，天津社会科学院出版社2003年版，第52页。

马克思主义理论体系，是建立在由观察归纳而来的概念之上，从没有表示什么怀疑。自然科学的力量更多地取自数学——演绎假设的力量，而不是仅仅来自观察和实验，而在中国能认识这点的人实在不多。①邹容曾表达了作为公理科学的必然性：

> 革命者，天演之公例也；革命者，世界之公理也；革命者，争存争亡过渡时代之要义也；革命者，顺乎天而应乎人也；革命者，去腐败而存良善者也；革命者，由野蛮而进文明也；革命者，除奴隶而为主人者也。②

"科学世界观"无法摆脱它自身的形而上学特性和整体论的公式。一方面，"科学世界观"对变革力量和新制度的合法性论证需要整体论的方式，另一方面，"科学世界观"用以摧毁旧制度和旧观念的实证方法也构成了对自身的整体论观念的挑战；前者需要宇宙论、本体论、信仰的支持，而后者却否定任何终极基础和统一原则的存在。③

哲学与科学具有同一性，即在一定程度上原是同质的东

---

①　[美]费正清编：《剑桥中华民国史：1912—1949年》上卷，杨品泉等译，中国社会科学出版社1994年，第429—430页。

②　邹容：《邹容文集》，重庆出版社1983年版，第4页。

③　张灏：《中国近代思想史的转型时代》，《现代中国思想的核心观念》，上海人民出版社2011年版，第20页。

西。对此，张东荪曾指出：

> 我本来亦晓得哲学与科学的界限是难分的：如牛顿的绝对运动论在当时何尝不是科学，然而马赫便说是哲学而不是科学。而马赫的经验论却被发明量子的濮朗克（普朗克）所讥笑，以为仍是哲学而不是科学。马赫攻牛顿，濮朗克再攻马赫，难保不再有人攻濮朗克么？①

关于哲学科学化，在不同思想家的视域中有不同的理解，胡适、王星拱认同的是广义的实证主义，在科学的旗帜下将哲学引向科学的科学；叶青则倾向于所谓辩证法的唯物论，试图以科学消解哲学。当然，叶青的这种思想在学术界并不是个案，在叶青之前，邓中夏从反形而上学的角度强调了这一点："自从各种自然科学和社会科学发达之后，哲学的地位，已经被这些科学取而代之了。哲学的所谓本体论部分——形而上学，玄学鬼群众藏身之处——已被科学直接或间接的打得烟销灰灭了。现今所残留而颇能立足的方法论部分，都是披上了科学的花衣，或是受过了科学的洗礼。"② 对于 20 年代科玄论战中的三大派，邓中夏有一个相当典型的说法："总括起来，东

① 张东荪：《劳而无功》，《科学与人生观》，岳麓书社 2012 年版，第 187 页。
② 邓中夏：《思想界的联合战线问题》，《中国青年》1924 年第 15 期。

方文化派是假新的，非科学的，科学方法派和唯物史观派是真新的，科学的。"① 在这里，科学派的科学是"自然科学的宇宙观"和"进化论的历史观"；而唯物史观派的科学则是历史唯物主义。

在马克思主义哲学与科学融合方面，在这一时期的代表作是王特夫所著《什么叫做物质》②。王特夫，一位活跃于 20 世纪 30 年代上海哲学界的学者，论著颇多，自成体系，在对马克思主义的传播与研究方面有所贡献。该书从科学与哲学结合的角度，对物质问题进行系统的哲学阐述，论证物质论的正确性，与科学保持了一致，非哲学与科学结合不能解决物质问题，这在当时的中国哲学界尚属首创。1937 年，谭辅之在其所写的《最近的中国哲学界》一文中高度评价了这本书：王特夫的《什么叫做物质》一书，可算是第一部用新哲学观点写成的专门探讨物质问题的著作，其立论非常坚实，其阐述也非常准确，在中国新哲学发展的历史中是很有意义的一部文献。

（二）以科学为基础的新唯物论

20 世纪 20 年代，科玄论战的思潮无疑影响到了对马克思

---

① 邓中夏：《思想界的联合战线问题》，《中国青年》1924 年第 15 期。

② 《什么叫做物质》，王特夫著。1932 年 12 月由上海辛垦书店出版发行，1935 年 7 月再版。全书约 14 万字，共 297 页。

主义哲学的认知与研究。关于科学是否可以作为新唯物论的基础，人文主义、科学主义、马克思主义之间展开了理论交锋。在马列主义和自由主义分道扬镳之前，中国大多新知识分子都相信科学人生观。

马克思主义在传播与发展过程中具有鲜明的科学化倾向与特征。正如马克思所说："正像关于人的科学将包括自然科学一样，自然科学往后将包括关于人的科学：这将是一门科学。"①自从普列汉诺夫以来，俄国马克思主义哲学就形成了重视科学的传统。普列汉诺夫指出："唯物主义自然观是我们辩证法的基础。辩证法是以它为根据的；如果唯物主义被驳倒了，那么我们的辩证法也是站不住脚的。"②他甚至认为："在将来，精确的科学必然使哲学的假设归于无用。"③列宁提出："战斗唯物主义为了完成应当进行的工作，除了同没有加入共产党的彻底唯物主义者结成联盟以外，同样重要甚至更重要的是同现代自然科学家结成联盟，这些人倾向于唯物主义，敢于捍卫和宣传唯物主义，反对盛行于所谓'有教养社会'的唯心

---

① 马克思：《1844年经济学哲学手稿》，人民出版社1979年版，第82页。
② 普列汉诺夫：《恩格斯〈费尔巴哈与德国古典哲学的终结〉一书俄译本第二版的译者序言》，《普列汉诺夫哲学著作选集》第3卷，生活·读书·新知三联书店1962年版，第87页。
③ 普列汉诺夫：《唯物主义史论丛》，《普列汉诺夫哲学著作选集》第2卷，生活·读书·新知三联书店1961年版，第161页。

主义和唯心论的时髦的哲学倾向。"① 斯大林在其早期著作《无政府主义还是社会主义?》中认为:"科学史表明,辩证方法是真正科学的方法;从天文学直到社会学,到处都证实着这种思想:世界上没有什么永恒的东西,一切都在变化,一切都在发展。""至于运动的形式,至于依据辩证法所说的小的变化、量的变化归根到底要引起大的变化、质的变化,那末这个规律在自然发展史中也是同样有效的。门德列也夫的'元素周期系'清楚地表明,由量变而发生质变在自然发展史中有多么大意义。在生物学上,继新达尔文主义而起的新拉马克思主义理论,也证明了这一点。"②1938 年,斯大林在所写的《论辩证唯物主义和历史唯物主义》中,尤为强调马克思主义的辩证法和唯物论的"科学"性。他把马克思的辩证法称为"现代的、科学的形态",把马克思的唯物论称为"科学的哲学唯物主义",认为把马克思主义的辩证法和唯物论推广到社会历史领域,也能像自然领域一样,得出科学的结论。"尽管社会生活现象错综复杂,但是社会历史科学能够成为例如同生物学一样的精密的科学。"这篇文章作为《联共(布)党史简明教程》的第四章第二节,随着该书一起产生了世界性的影响,当然也对中国马

---

① 列宁:《论战斗唯物主义的意义》,《列宁选集》第 4 卷,人民出版社 1995 年版,第 651 页。

② 斯大林:《无政府主义还是社会主义?》,《斯大林全集》第 1 卷,人民出版社 1953 年版,第 277 页。

克思主义哲学界产生了深刻影响。王静① 对《联共党简明教程》提出了质疑："历史唯物论是将辩证唯物论的论点扩展于社会生活的研究上，是将辩证唯物论的论点应用于社会生活现象，应用于研究社会，研究社会的历史。"② 照此说法，是不是自然辩证法与历史唯物论完全同一而只不过是运用的领域不同呢？王静认为，不是的。真正的辩证唯物论者认为社会和自然虽然同是客观独立存在的发展规律，然而两者却并非同一的东西。

英国哲学家康福特是这样看待马克思主义所建立起来的哲学与科学间的联系：

（一）马克思主义的唯物论世界观，及其对认识方法和辩证法的发展法则的见解，并非立脚于先验的原理之上，而是立脚于科学的结果之上，跟着自然过程和社会过程之科学知识的进步而要求进一步的发展。

（二）唯物辩证法的法则和方法，成为科学知识进一步发展的工具。

（三）从马克思主义哲学的观点看来，科学的性质和意义扩大了——如科学的方法，科学的统一性，科学研究

---

① 王兴华，早年就读于上海暨南大学文学院。1938 年参加中共上海地下党的外围组织——上海学生救亡协会，任执委。曾先后编著《鲁迅五年祭》《双十二纪念》《论军纪》等书。

② 王静：《自然辩证法·历史唯物论与辩证唯物论》，《哲学》1941 年第 6 期。

的计划和组织，以及通过各种方式科学为人类的进步目标
而服务。①

　　在马克思主义科学化的这种思潮中，无疑现代中国的知
识分子在不同程度上受到了德波林《辩证唯物主义入门》（中
译本《辩证法唯物论入门》）的影响，这本书的一个基本命题：
"只有实证的科学能为我们的生活及文化创造精神的基础。"陈
独秀把科学分为两类：自然科学和社会科学。二者虽然各异，
但都以因果律为通则。唯物史观虽然不是自然科学，但其所要
揭示的因果律，远比自然界的因果律复杂。在此基础上，陈独
秀遵循孔德的观点，把中国思想史分为三个阶段：宗教迷信阶
段、玄学阶段、科学阶段。② 叶青正是从实证论的科学统一论
出发，将辩证法的物质论纳入了科学范围："所谓辩证法或物
质论的辩证法，所谓辩证法的物质论，都是哲学其名，科学其
实。""因为辩证法的物质论是科学底结论，所以形态变了。那
么哲学消灭底理由是辩证法的物质论底发生，它与科学统一，
结束了哲学。"③ 当然，知识分子对于把科学作为新唯物论基础

────────────

　　①　［英］康福特（M.Comforth）：《马克思主义与哲学》，马特译，《理论与现
实丛刊》1948 年第 3 期，第 44—51 页。

　　②　陈独秀：《答张君劢及梁任公》，《陈独秀文章选编》（中），生活·读书·新
知三联书店 1984 年版，第 350 页。

　　③　叶青：《哲学之消灭》，载忻剑飞等编：《中国现代哲学原著选》，复旦大学
出版社 1989 年版，第 466 页。

的认识也是不尽相同。但可以肯定的是，知识分子反对将马克思主义科学化的意见却占了大多数。

　　唯物史观与唯物论之间的关系，是现代中国知识分子所关注的一个焦点。张君劢认为中国的马克思主义基本是意识形态化和信仰化的东西："唯物主义，表面上所争的是物质是最后实在问题，实则所争的并不是物质是否最后实在问题，他们的意思是要拿这种主义，排斥传统的宗教，排斥传统的政治，排斥传统的学说，换句话说，要在唯物主义中求新的生活标准。""老实说，这种学说的之动机，不在成立一种学说，而在促进社会革命"。① 张君劢的这种分析有一定的合理性，陈独秀对此批评说："离开了物质一元论，科学便濒于破产。""梁启超、张君劢这班人当初未必不曾经过肤浅的唯物即科学的人生观，只因他们未曾敲过社会科学的门……于是他们对科学的信仰便破坏了。"瞿秋白也认同以科学作为社会革命武器的意义："颠覆一切旧社会的武器正是科学"；"必须以正确的社会科学的方法，自然科学的方法，为劳动平民的利益，而应用于实际运动；当今西方的无产阶级与东方的弱小民族一致的起来反抗……以完成世界革命的伟业"。②

---

① 张君劢：《人生观论战之回顾》，《东方杂志》1934 年第 31 卷第 13 期。
② 瞿秋白：《自由世界与必然世界》，《新青年》1923 年第 2 期。

对此，张君劢认为，科学产生了机械论的和决定论的世界观，这将遭到成长于中国文化传统的道德理想主义的对抗，尤其是阳明哲学的道德理想主义。①1925 年，张君劢发表《马克斯学说之研究及批评》一文，对唯物史观提出质疑：

> 用生产方法解决一切历史问题，此为马氏"唯物史观"之立足点，亦即彼自命为科学方法者。但科学方法，重因（cause）与果（result）之反证。试将彼所谓因封建而产生风磨之说证之，则必曰有风磨而后始有封建，其实稍看历史，即知封建实非由风磨而成也。然则"唯物史观"之不合科学方法，固然可见矣。至若根本定名曰观，已非科学立足点；因人各有观，而各人之观点，尽可各异。故我始终不承认唯物史观为科学的。②

在张君劢看来，从立足点、研究方法、历史事实来看，唯物史观的基础不是科学方法。张君劢所用材料出自马克思的《哲学的贫困》一书："随着新生产力的获得，人们改变自己的生产方式，随着生产方式即谋生的方式的改变，人们也就会改变自己的一切社会关系。手推磨产生的是封建主的社会，蒸汽

---

① 张君劢：《我之哲学思想》，《义理学十讲纲要》，中国人民大学出版社2006 年版，第 163 页。

② 张君劢：《马克斯学说之研究及批评》，《大夏周刊》1925 年第 24 期。

磨产生的是工业资本家的社会。"① 在这里，生产力与生产关系共同构成了生产方式，生产力与生产关系不是两个实体，不是互为因果，而是生产方式的一体两面。

与张君劢不同的是，张东荪考察了大部分解释者，如考茨基（Kautsky）、马沙利（Masaryk）、塞利格曼（Seligman）、郭泰（Gorter）、薄丁（Boudin）等认为是"经济史观"，而和哲学上的唯物论无密切关系。张东荪认为，"经济一元论"异于物质一元论，马克思反对费尔巴哈的机械式的唯物论，这意味着经济是不能离开欲望，但欲望无论如何不能说是纯物质。显然，张东荪的立场以认识论为出发点。为了阐述自己认识论的观点，张东荪引用了柏格森的"打洞"（canalization），来分析能认识与所认识只是一个作用的两方面：

> 但虽只是一个打洞的一打，然而总有一个赤裸的所与。所与的开化便是知识；知识的成立便有秩序的世界。所以我们顺着知识的开化而讲，自然是唯心。而只就所与来说，逆进以诠其本来面目，则便是不可知的。因此我们的意见亦可以名为存疑的唯心论。……并且我从这种物观的理想主义上证明科学的价值：不但不因唯心而

---

① 马克思：《哲学的贫困》，《马克思恩格斯选集》第 1 卷，人民出版社 2012 年版，第 222 页。

抵抑科学，却反而因为唯心乃科学本身即是一个大理想的实现，且是一个最有价值的精神活动。科学不是描写外界的实在，乃是本于知识所固有的创造性，来改造世界。①

在张东荪看来，本体是正在创造中的，而不是已成的，即使知道了宇宙的起源，也不能完全知道宇宙的本体。因为本体的概念不但包括全空间，还须得包括全时间而一无所余，宇宙的起源与本体不是同一的。以这种本体观为依据，张东荪认为知道了宇宙的根源状态，便可推知宇宙的未来，是观念的错误。他批评说：

> 唯物论的玄学于一方面却始终抱定宇宙有一个根源，万物有一个本体的见解。殊不知这种见解是极幼稚的哲学思想。如希腊的初期，有人以为万物的本质是水，有人以为是火。其实这些思想太缺少批判的精神。依我想，这个以为万物必从一个本质或根源变化而出的信念是由经验上的事实比附而来。……唯物论与演化论没有必然的相关。②

---

① 张东荪:《科学与哲学》，岳麓书社 2013 年版，第 64 页。
② 张东荪:《科学与哲学》，岳麓书社 2013 年版，第 22—24 页。

在这里争论的历史语境就是科学与玄学之争，张东荪认为，科学在初期确与唯物论的玄学有相通的地方，后来进步的科学抛弃唯物论而与实证论的哲学发生关系。"唯物论的宇宙观完全以常识的方法为基础；不但承认物质是我们看见的一块一块东西，并且承认空间是固定的，时间是唯一的。"① 显然，张东荪对马克思主义的新唯物主义并没有一定的了解，仍然停留在旧唯物主义的层次上。

金岳霖②认为，唯物哲学与唯心哲学对于科学没有很大的分别。唯心派把万物收在心上，唯物派把万物堆在物上。唯物哲学不能产生科学，其根据是唯物派把万事万物堆在物上，而科学所应用的工具，有许多是不能堆在物上：

> 时间与空间，是科学与常识与常识不能少的意思，而同为看不见摸不着的东西，很难说他们一定是"物"。如果物以外无存在的可能（此处"存在"两字，非常广泛，包括 existence、being、subsistence 三种意义），时间与空间，就不容易对付。因果律在历史上有密切的关系，——现在有几位接近科学的哲学家，觉得旧式的因果律不适用于科学，但历史上的关系，不能否认，——而在唯物哲学，

---

① 张东荪：《科学与哲学》，岳麓书社 2013 年版，第 27 页。
② 金岳霖（1895—1984），浙江诸暨人，中国哲学家、逻辑学家、杰出的教育家。

也是极重要的意思。因果分开来，可以勉强说通是"物"，但这样一来，就有问题发生。因果不能，分开则因果之间，大有物在，而所谓因者，就不是因，所谓果，不是果。再一方面，又不能不分，不分则所谓因果者变成一件事体，又无所谓因，无所谓果。但无论分与不分，因果间总有一种特别的关系，纵使因果可以用"物"来解释，而尔方的关系，不能以"物"就可以形容，这同题不但是唯物论不能自圆其说的地方，而且在历史上不能供给科学的要求。科学家的因果律不过是一个方程式，用它来形容事物的关系，如果科学家用唯物派的思想来治科学，他就不能用因果律了。①

在金岳霖看来，所谓的唯物派，在本质上是旧派、玄学。唯物派与唯心派间有一个毛病，他们最注意的，不是求他们对于一事一物的知识增加，是求他们的思想贯彻。宇宙间的事物，在理智上不容易贯通的地方很多，他们一定要贯通，结果就不免造出许多的"太极""上帝""宇宙魂"无最世一系的"力"等类的概念，来做一个贯通万事万物的媒人。科学家则不同，一方面讲感受，另一方面研究物理，他不一定要把研究的物理的结果和他感受的事实，千方百计在理论上融洽起来，造成一

---

① 金岳霖：《唯物哲学与科学》，《晨报副刊》1926 年 6 月 14 日。

种有组织有条理的思想。科学家所追求的是对于事物，用精密的方法，来增加人类的知识。

张宗炳[1] 在《东方杂志》上写了《科学之限制》一文：

> 最近五十年科学发现的结果，最重要的是改变了科学家的思想信仰。牛顿时代的唯物论几十年来统治着科学家的信仰，工作的趋向，研究的精神。唯物论的最受人欢迎的原故，是因为它的简单与统一性。……唯物论的摇动，其最大的影响，是在思想上。科学家的唯一的信仰失去了，还不大要紧，要紧的，乃是科学之中，缺少了一个统一的，中心的思想。[2]

近代科学的产生，使得不同的科学都有自身一套范畴体系，以此区分于别的科学，这就是张宗炳所指的"科学之限制"。

汤钟灵在《中山文化教育馆季刊》上发表《现代科学中的观念论及其批评》一文，太虚[3] 批评汤钟灵为旧科学所围，被旧唯物论以故步自封。汤钟灵认为：

---

[1] 张宗炳（1914—1988），浙江杭州人，著名哲学家、政治活动家。张东荪的长子，也是我国昆虫毒理学研究的奠基人之一。

[2] 张宗炳：《科学之限制》，《东方杂志》1944 年第 6 期。

[3] 太虚（1890—1947），浙江桐乡人。法名唯心，字太虚，民国佛教教育第一人。

但这些宇宙结构的原始材料，郤并没有实体的存在，而只是抽象的波动，为这些原始材料之堆集的宇宙全般，当然也不过一个异常庞大的抽象形式，而缺乏实体的存在，这样唯物论被斥退了，观念论者都为之欣然色喜。

然而一向当作自然科学之最合理的哲学基础的唯物论，难道果真为科学自身内部所孕育发长起来的理论所推翻了么？这决不可能！秦斯等的论调简直毁坏了自然科学的强固的基础，动摇了科学者对于他们自己的事业的信仰。在如此的意义上，他们简实可说是变成了科学的叛徒！①

太虚认为，汤钟灵将新物理学的宇宙观，曲解为布尔乔亚意识中的观念论，那简直是愚忠墨守于旧科学的唯物论，要拦阻新的科学进步的探究了。汤钟灵的观点主要是针对秦斯爵士所著《现代物理学之新宇宙观》一文：

不过秦氏最主要的论点，乃在把物质波解作认识波，因而赋予之以观念的属性，他以谓干涉原则阐明客观的物质之本性只是主观的认识程度，这其实根本错误！我们说：一个质点于某一时间在某一地点，这句话固然代表了我们对此质点的一种认识，而更重要跟根本的，另一方面也代表了此质点客观态度，它主要地是一个客观的事实，而不仅为一种主观的认识，实际上，必定先有客观的存在，而后始能认识她，认识是主观的我的心灵与客观的物本体间之一种反应过程，没有客观的存在这反应过程是无从发生的，所以秦氏只看到了物质波概率解释一方面的意义，而忽略其更重要的另一方面的意义。①

太虚从唯识论的视角分析了二者之间的分歧：

一方面代表了此质点的一种认识即是"见分"，一方面也代表了此质点的客观状态即是"相分"，只要"相分"不能脱离"见分"便成立了"唯识"。原不要否定"相分"亦为一个因缘生的客观事实，即所谓"必先有客观的存在而后始能认识它"。只要去掉了先后的意义，也必有所缘心心所乃生之义相合，由此只要客观的质点状态不离主观的认识程度，便可不为"认识波"了，这在佛学早有观所缘缘论的详辨。②

---

① 汤钟灵：《现代科学中的观念论及其批评》，《中山文化教育馆季刊》1937年第4卷第2期。

② 金岳霖：《唯物哲学与科学》，《晨报副刊》1926年6月14日。

法舫[①] 曾在《编辑后记》中写道："现在思想界，固然是唯物思想占势力；但它也已到了没落的征途上了，'物极必反'是演化论的原则。……但是现在的提倡的也不是单纯的唯心论或者说观念论，是心物二元一体论，我们知道心与物是整个的，个人生命或宇宙生命的两方面，而不是绝对平行的两个独立者。"[②] 根据法舫的观点，心与物是生命的两个方面，而不是两个实体。在这一意义上而言，法舫的观点超越了旧唯物主义及西方近代哲学。

在 J.B.Haldane 看来，把唯物辩证法应用到自然科学方面必须十分审慎。如果把辩证法当作教条，这比不用还坏，苏联在最初十年间科学研究中滥用唯物辩证法的教训是深刻的。他指出了唯物辩证法的运用范围："特别是研究到科学的历史发展，以及科学各部门之间的相互关系，如物理学和化学，化学和生物学，以及其他等。又对于某些科学部门其本身在处理有变化的，例如进化论，唯物辩证法更是特别有用。"[③]

罗鸿诏[④] 梳理了辩证法唯物论的发展脉络：

---

① 法舫（1904—1951），我国现代海外著名高僧，世界著名学者。

② 法舫：《编辑后记》，《海潮音》1937 年第 7 期。

③ J.B.Haldane：《唯物辩证法与自然科学》，孙克定译，《理论与现实（重庆）》1939 年第 1 卷第 1 期。

④ 罗鸿诏（1897—1956），汉族，广东省兴宁人，我国著名教育家、时事评论家和哲学家，著有《哲学导论》《伦理学》《认识论入门》等哲学专著。

马克斯和恩格斯的辩证法的唯物论，于一八四六年，《德国观念形态论》（Deutsche Ideologie）中，已经决定了；厥后恩格斯作《佛而巴哈论》及《反杜林论》二书，更有平易畅达的解释。然而正统派的考茨基和修正派的柏恩斯坦都不很懂得哲学，即左翼的卢森堡女士也没有精深的理解。至列宁著《唯物论与经验批判论》，而哲学乃为马克斯信徒所重视。列宁死后，波尔十维克内部几经分裂，如加门尼夫、得波林诸人之日居列宁左右者，无不与斯达林背驰，不但政治方法各相诋讥，即理论的著书亦相诽谤。最近苏联哲学研究所特出大学教科书，由弥定（Mitin）监修之《辩证法的唯物论》，已成为钦定的蓝本了。①

罗鸿诏对于辩证唯物论，一方面肯定了其能兼以前种种唯物论之长，另一方面又与以前唯物论有其共通的地方，受了唯物论名称的制约，自然有其自身的弊端。罗鸿诏首先批判了物质与意识之间的关系，"物质独存于意识之外，或存在独立于思维之外，为各种唯物论之共同主张，也是常识上最顽强执着之一义"。罗鸿诏认为，唯物论的证据之一是自然科学，而科学家所根据的还是当前的意识内容，不过以因果律为出发点，推断某某时代必如此这般而已。因此，所谓的物质是推断出来

---

① 罗鸿诏：《唯物论及其批判》，《暨南学报》1936 年第 1 卷第 1 期。

的根结，而不是不可动摇的存在。罗鸿诏引用了 C.E.M.Toad
所著 "*Guide to Modern Thought*"（《近代思想导论》，萧赣译）
一书的三段材料，现摘抄其中一段：

> 时间上不知几万年以前的物质，其由于推断而知不
> 待辩而自明，而空间上在极远距离的东西，又何尝不是如
> 此？比方天文学上的天狼星，据天文学家称，其几年（听
> 说是八个光年）以前所发的光线，达于我们眼球网膜，我
> 们就说看见天狼星。在其光波波动之时，天狼星是存在
> 的。假使因为什么关系，在最近一二年已经废灭，不复存
> 在，而我们每晚仍能看见天狼星，竟可继续数年之久才会
> 不见。……这不是执因果律以为枢机，而推断天狼星之存
> 在吗？

据此，罗鸿诏认为，不但邃古的物质，远距离的物质是推
断出来的，即当前的所谓外物也是由意识内容推断出来的。这
种推断的根据即是坚持了因果律，有果必有因。也就是说，我
们意识之中已有此果，而其原因又不在意识之内，则意识之外
必有独立自存的物质为其因，乃是不可逃避的结论。因此，意
识内容必有其原因，而此原因有不在意识之内者，若命此原因
为"物质"，则在这种意思，物质是存于意识之外的。只在此
严格限制的意义之下，我们可以赞叹唯物论的主张。关于康德

103

的"物自体",恩格斯认为是因为科学未进步,而尚未阐明的物的性质,科学已将物自体一一指示给我们了。列宁则认为,物自体与现象之间没有原理的区别,只是一为既知,一为未知而已。在这种语境中,物质不能离意识而独存。19世纪以前,自然科学属于机械论的范畴,物质都以其性质作为自己的规定。然而,19世纪末期,最后而不可分的原子,已成为可分解的,其中有运动的了,于是机械的唯物论不复能维持,而物质消灭之说盛行于物理学者。对此,列宁要维持唯物论,不能不把这些科学观念论者驳倒,在《唯物论与经验批判论》中特写一章《自然科学上最近的革命与哲学的观念》,今抄录如下:

> 物质云者,作用于我们感官,而引起感觉者也,即是感觉上给与我们的客观的实在性。
>
> 谓"物质消灭"者,截至现在止,我们所知道的限界已经消灭之谓,我们的知已深进一层之谓也。物质的属性(如不可入性,惰性,质量等等)从前以为是绝对的,不变的,始元的,现在已知其非,而以这些属性为相对的,只在物质的某一状态中所具有的。
>
> 物质的唯一属性——承认这点实与哲学的唯物论固结而不离——是客观的实在性,存于意识之外的属性。

罗鸿诏认为,列宁表面上虽似乎将唯物论维持住了,其实得一半。在这里，罗鸿诏引证了科学家的观点："物质将不断之液体驱之于原子，从原子驱之于电子，邃至失其所在。"①科学家站在认识的立场，只知意识内容有如此这般的性质，其原因究竟如何，则不能知。列宁的客观实在说，到底坠入康德的牢笼，不能插翅而飞。唯物论的辩护是：观念论的主张以意识内容为根据，其实意识也是一种物质，是有最高组织的物质；或借进化论为支柱，谓物质有了一定的组织，则意识必然发生。罗鸿诏认为，这属于纯粹本体论的问题，认识论是无法解释的，并提出自己的质疑：

> 第一，物质有了一定的组织，则意识必然发生，这个必然殊属可疑。比方，无线电台是有了一定组织的物质。我们只可说，有了无线电，则可以收到电流，绝不能谓必然收到电流。我们若以意识比之电流，而物质比之电台，则必然有一层就变为可能了。我们相信，本体论都是一种可能的知识，无从作究竟的证明，故不敢苟同唯物论的主张。
>
> 第二，照唯物论者说，意识是会抽象的，能造作概念、法则、范畴等等的。则其为物质已与普通的物质——碳脂、茜素等等——迥不相同了。他们虽然坚持反映论，

---

① [英]爱丁顿：《物理世界之本质》，谭辅之译，辛垦书店1934年版。

谓抽象、法则、范畴之类都是反映的形式。但无论如何说法，我们总不相信碳脂、茜素会有这种反映的形式，故同名为物质。也是两种极不相同的东西。且由其极力主张物质独存于意识之外看来，则物质和意识之相对的对立，他们也是承认的。否则谓物质独存于物质之外，不令人笑吗？由此义言之，辩证法的唯物论之所反对者，只是黑格尔一派之绝对的唯心论，不是认识论的观念论。

第三，认识论上之模写说，也是各种唯物论的共同主张，自希腊以来常有激烈的争论，而观念论与唯物论之分歧亦在此而不在彼。

第四，模写说、反映论不能决定真伪之标准，乃提出实践以救其穷。然则，实践是否可当此标准而无愧呢？我们且先从求知的行动说起。

第五，意识内容与意识对象不分，实为观念论及唯物论双方所以致误之理由。①

罗鸿诏认为，列宁的模写说是认识论的视角，这意味着意识与存在是存在分离的，而许多事物独立于意识之外，乃为实际生活所确实证明。也就是说，人类官能的报告与宇宙真相甚不相符，而意识的内容（现象）与物自体相符，则肯定与否定

_____

① 罗鸿诏：《唯物论及其批判》，《暨南学报》1936 年第 1 卷第 1 期。

双方都没有立论的根据。物自体与现象之间实有原理的区别。所谓现象，即是意识内容，其原因虽为意识外之物，而与感官能力相待而成不能离开人的立场。而物自体指不与人的感官相待而成的。"我们虽能执因果律以为推，谓意识内容必有其原因，而此原因确在意识之外，但是这个原因本身若何的性质，到底是无从认识的。"①因此，恩格斯与列宁等不明此义，乃以现象为既知，而以物自体为未知，确实是犯了认识论的错误。在罗鸿诏看来，唯物论者一方面坚持模写说（反映论），而另一方面又承认思维有抽象、游离、组织的工夫，何以自圆其说呢？这两者之间并无逻辑上的关联，尽管唯物论者可以说，模写、反映也容许去取，容许选择的综合。

从反映论的立场来看，法则范畴、绝对概念、形而上学的思想也是反映，或以错误为不是实在物的反映，或则以之反映术拙劣之所致。若取前者，则竟有不是实在物之反映的思想，岂不是自功其说吗？由此观之，哲学的观念论似乎不是实在物的反映了，则反映论不能成立；若取后者，反映术之工拙何从判定？按照恩格斯的说法，原理是由自然及历史抽象而成，只要与自然及历史相符合，原理才是正确的。如果是这样，则谬误——原理与自然历史不符——之由来，岂不是因思维在抽象的时候，去其所不当去，而取其所不当取吗？

---

① 罗鸿诏:《唯物论及其批判》,《暨南学报》1936 年第 1 卷第 1 期。

自然和历史本身并没有错误之可能，故谬误必归属于思维方面。于是唯物论的认识论也不能不承认思维作用可以构成世界，而不是机械的反映或模写了。则其与观念论之相距，其间不能以寸。

实在与表象是否相符合更非实践所能证明。指定的用途能否完成，关系于物的性质，而照我们前面的研究，则凡属性质皆是表象（意识内容）。故无论我们认定的性质是否正确，都是表象这边的问题，其与实在相符仍是没有法子可以知道的。实践——求知的行动暂时除外——确能判定有些事情的真假，但还有许多事情，只有理论去决定是非，与实践没有多大关系。实践可以为认识的标准，然而只是低级的标准，更不是唯一的标准。唯物论的反映论已找不出标准来，乃提出实践，而一经研究，实践之为标准，亦不过如此而已。至于实验及求知的行动，事实上是可以获得真理，然一到权利问题，即有什么理由谓科学的判断真伪之问题，则非实验及求知的行动所能解决了。

思维以先天的形式统一经验材料，而产生者，仍是意识内容，不离乎此案，而对象则始终站在外边，无从构成之。其在认识，主观与客观之二元的对立，实为根本的前提，若此二者合而为一，则认识本身亦在废此之列，而至超认识的境界了。故以对象为思维之所产，实与此根本前提相违背。认识的构成只能构成内容，而不能构成对象。反之，以表象的内容即为永久的绝对的世界，其谬误亦甚明了。此说亦将对象与内容混而同之，则主客已经合一，固无须乎认识的努力，而可获得真理。然又谓完结的绝对的映像不能给与我们，必经相对的真理才能至于绝对的真理，究属何故？列宁根据自然科学以断定物质先意识而存在。然而新近的科学结论谓：太阳之热力日趋微弱，其微弱的程度至极甚的时候，则地球表面的生物皆将趋于灭亡。故物质已先意识而存在，亦必后意识而灭。至人类已亡，物质未灭之时，不知真理尚在否。唯物论者对此问题之答复，当然可说真理尚在。但是我们究于何日可完全获得此绝对的真理，恐唯物论者亦将无从答复。

罗鸿诏把唯物论的观史分为两种：一是生物学的唯物论，二是经济学的唯物论。他是这样描述的：

> 这一派明白自称为"唯物史观"，马克思倡之，恩格斯、拉法固、贝贝尔、考茨基和之，至列宁更发挥其革命的理论。他们虽然说是根据黑格尔的思索方法，而其见解乃走到最极的尖端，与一切宗教的观点及以精神为主的观点，皆有冰炭不能相容之势。据他们说，物质的生产关系是决定一切的动力，凡意识、理念、人间共同生活中之一切精神的历程，国家社会中一切关系事变之成立及形成，皆根本上为此生产关系所决定。①

---

① 罗鸿诏：《现代史观之五派》，《生力（南京）》1933 年第 5 期。

　　罗鸿诏提出了对于唯物史观的质疑：一是生产关系之基础，已不及数学系统之强固而显明，亦不如化石之有征而可信，以此为说明之原理，乃所以招人集矢之故也。二是生产关系之于社会犹身体之于个人，身体之强弱虽在影响于个人，然究不能谓其身体强健者则智而有德，身体孱弱者则愚而恶劣也。三是物理的因果有迹可寻，故推断将来每能毫厘不爽，历史的因果常虞隐伏，故逆料后世往往错误丛生。其能成为科学已属疑问，而况方向之预测亦不可必其无误乎？四是生物之进化循时间而演，其前因后果之间无倒逆之影响；生产关系之于文化形式，则常有交往之影响在，即马克思派之信徒亦从无否定此种事实者，故所谓基础亦不能及生物进化的事实之确定。"我们所研究的领域越是远离经济，越是接近于纯粹抽象的意识形态，我们就越是发现它在自己的发展中表现为偶然现象"①。

　　王宜昌②所谓先天式的唯物史观，是用来专骂严灵峰的，可是也事实上指出了参加社会史论战的一大部分人士所共犯的毛病。他所谓"先天式的唯物史观"是指什么呢？他在《中国奴隶社会史——附论》一文中说："严灵峰的'先天式的'的唯物史观，不问中国底实际的地理条件和其他实际历史情形，

――――――――――

　　①　恩格斯：《恩格斯致瓦·博尔吉乌斯》，《马克思恩格斯选集》第4卷，人民出版社1995年版，第733页。

　　②　王宜昌，周辅成成都大学预科同学，中共地下党员，和拖派王礼锡、严灵峰成为中国社会史论战的中心人物之一。

而只依'先天'便承认中国资本主义为自发。这只是回想时期的理论遗传下来的恶影响。"①同样，罗敦伟②也认为，这种用先天式的唯物史观，决不是某一个人所犯的毛病。"甚至于鼎鼎大名的郭沫若氏的中国古代社会的研究，不过是用恩格斯和摩尔根的方法，而忽略了中国的史实，死用马克思的唯物史观，以为根据先天的见解，即可解决整个的中国古代社会史，那是多么可笑的事呢？而这种可笑的事，正是发现在社会史论战名著之上，岂不是特别严重吗？"当时，很多学者对辩证法、历史、经济、革命、社会进化等都是分开理解的，并没有看到其内在的联系。比如，有的认为把唯物史观的公式运用在过去就是历史观，运用在现在就是经济论。不管是阐释马克思理论的，还是批判马克思理论的，往往都只能究其一方面论之。从深层次看，应该是源于当时对哲学的理解滞后导致的，一方面将哲学等同于科学，另一方面将哲学理解为朴素的实体论。近代哲学在发展过程中具有"从哲学的角度来论证自然科学真理性，同时以科学的标准来彻底地改造哲学"的性质任务，决定了其思维方式具有鲜明的机械性、形而上学性、实体还原性、客观主义等特征。对于现代中国知识分子而言，受对西方哲学认知水平的限制，使得他们当时不可能站在现代哲学的高度来

---

① 温乐群、黄冬娅：《二三十年代中国社会性质和社会史论战》，百花洲文艺出版社 2004 年版，第 244 页。

② 罗敦伟（1897—1964），现代中国经济学家、统制经济理论代表人物。

审视马克思主义哲学，这就直接决定和影响了我国理论界对马克思主义哲学的理解带有一定的历史局限性。

二、决定论与非决定论之间的分歧

在马克思主义中国化的过程中，马克思主义者曾将新唯物论的基本命题看作是物质决定论，其根据是因果关系论，知识分子对此提出激烈的批评。

（一）因果关系不能成为决定论的基础

马克思、恩格斯反对将新唯物论理解为单纯的因果决定论。对于经济决定论的庸俗唯物主义，恩格斯在 1890 年 8 月 27 日给保尔·拉法格的信中就记录着："马克思曾经说过：'我只知道我自己不是马克思主义者。'"① 在 1877 年的《答米开洛夫斯基书》中，马克思坚决反对将他的研究变成一般性的"历史哲学理论"，因为任何"一般性的历史理论"，都是以超越历史经验为其最主要的特色的。马克思在《资本论》中阐述了关

---

① 恩格斯：《恩格斯致保尔·拉法格》，《马克思恩格斯文集》第 10 卷，人民出版社 2009 年版，第 590 页。

于生产、分配、消费和交换之间的关系，"不同要素之间存在着相互作用。每个有机整体都是这样"①。在马克思的分析中，部分的结合是机械的，所有的结合对他所关注的要素来说都是有机的、固有的，相互作用的东西只有放在一个有机整体的内部才是可能的。马克思对"原因"与"决定"是在这种文本语境中使用的。②

张栗原（1881—1941），字朗轩，汉川人。武昌高师毕业留日，曾任中山大学、暨南大学文法学院教授。张栗原在《自然科学与辩证法》一文中，根据恩格斯在《反杜林论》中关于辩证法与自然科学关系的阐述，论证了辩证法在自然科学领域的地位极其价值："辩证法之所以被一般辩论者认为是真正科学的认识方法，正因为它是反映着自然及历史上之现实的发展过程。如果没有客观的辩证法，便不会有主观的辩证法。"③在张栗原看来，科学在于定立或说明事象的因果法则。并把这种因果关系的法则应用到唯物史观：

① 马克思：《资本论》第1卷，人民出版社1975年版，第17页。

② 在政治和历史著作中，马克思很少使用bestimmen（"决定论"），而宁愿使用更加灵活的表达方式来描绘这些领域的关系。英语翻译者一般倾向于主要通过将bedingen（能表示"条件"或"决定"的意义）翻译为"determine"（"决定"）来强调马克思著作中出现的任何"决定论者"的偏见（[美]伯特尔·奥尔曼：《辩证法的舞蹈——马克思方法的步骤》，高等教育出版社2006年版，第36页）。

③ 叶青编：《哲学论战》，辛垦书店1935年版，第291页。

> 马克司的唯物史观，是由两个相联系的部分成立的。第一部分，是说明政治关系，法律关系，观念上诸关系之依存于经济关系；第二部分，是说明政治关系，法律关系随着经济关系（特别是生产力）之变化而变化。我们试先考察第一部分。我们前面说过，因果关系，可区分为事象之静态的因果关系与事象之动态的因果关系二种。……即是既存的经济关系（既存事象）之上，参加新的生产力（参加事象），基于两者之综合（原因），于是政治关系，法律关系，观念上诸关系，便产生变化。换言之，即是发生新的政治关系，法律关系，观念上诸关系（结果）。①

在张栗原看来，这种因果关系具有必然性。为了说明这种因果法则，他多次引证了马克思、恩格斯的论述。马克思在说明资本主义的生产过程中时，《资本论》说："以自然过程之必然性云云。"恩格斯对于这句话的注释是："马克司本着历史的观点，说明了这种行程的某一部分，在事实上已经发生，某一部分，今后不可不发生以后，他更把这种行程叫做依着一定的辩证法的法则所经过的行程。"此外，还引用了《西欧志》对于马克思的《资本论》中的一段评论："在马克司所认为重要的一件事，就在于发现他所研究的对象即诸现象的法则……所

---

① 张栗原编译：《社会科学理论之体系》，神州国光社 1933 年版，第 33 页。

以马克司只努力于以下一件事，即：依着严密的科学的研究，论证社会关系之一定的必然性。……因为这样，所以他如果证明了现在的秩序之必然性，同时并证明了这种秩序不可避免的推移到另一秩序的必然性，这也就十分够了。"①同样，在自然科学的一般理论与实践之间看到了某种必然的联系。张栗原指出："赫克尔所创立的'生命之自然发生说'，虽只是关于生命之起源之一般的理论，但是，理论的见解，往往可以引起问题之实践的解决，实践乃是理论的问题之解决之最后的阶段。我们为着具体的研究，为着实践的活动，终不可不有一定的理论，作为事物之探究的指针。因此，我们可以说：理论与实践，乃是同一方法之两个不同否认契机。"②

邓中夏认为，唯物史观同样也具有科学的意义。1923 年 11 月 24 日，邓中夏在《中国现在的思想界》一文中，谈到了唯物史观派与科学方法派之间的异同，强调了两者的一致：

> 唯物史观派，他们亦根据科学，亦应用科学方法，与上一派原无二致。所不同者，只是他们相信物质变动（老实说，经济变动）则人类思想都要跟着变动，这是他们比上一派尤为有识尤为彻底的所在。③

① 马克思：《资本论》第 1 卷，人民出版社 2004 年版，序文。
② 叶青编：《哲学论战》，辛垦书店 1935 年版，第 301 页。
③ 邓中夏：《思想界的联合战线问题》，《中国青年》1924 年第 15 期。

施友忠则反对将因果关系运用到社会科学上来，其根据是：因果是属于科学认识的范畴，不得应用于认识范畴以外；如果应用于认识范畴以外，必至矛盾支离。因果论有两个方面，一是所涉的因素能一现再现，二是其中种种关系可以自由限制，增减其关系，观察其本质。但是历史社会现象，关系复杂，变化无常，其中的因果关系是建立在对所涉关系的分析与验证，显然这是不可能做到的。据此，施友忠分析了心与物之间的关系：

> 人类固不能超越环境，物质环境为决定人生之一——非唯一——重要条件，此亦吾人所承认，然于物质环境影响吾人之际，吾人内部必有受此影响之能力，而后物质影响方法始有效；且人类必须完全被动的受物质环境之影响，必能积极的改造物质环境，以称吾人之心意，此为人类文化之基本，人类苟无此积极之意识，则现代之文化，实一玄之又玄之神迹也。……以无意识之物质，而竟能演进而为有意识之人类，则吾人即谓物质者实潜存有意识，定非甚合于科学之原理？自然之进展，为连续不断，苟谓自然前一瞬为完全无意识之物质，后一瞬间则变而为有意识，是不啻承认在自然界中有神迹其事也。①

---

① 施友忠：《唯物史观分析及批评》，《唯物辩证法论战》，北平民友书局1934年版，第33页。

据此，物质条件为意识产生的前提，人类意识是物质发展的产物。施友忠反问道，根据质量互变原理，物质进化为人类意识，属于质变，非但不受物质支配，且反足以支配物质？在施友忠看来，所谓的辩证法是思考推理的作用，绝对不可应用于物质。物质是无所谓正，无所谓反，也无所谓合。

梁漱溟则站在传统儒学的立场上，在 1921 年所发表的《东西文化及其哲学》一书中阐述了对唯物史观的观点。他指出物质环境与意识或文化创造，只能说是有"缘"，不能说前者为产生后者之"因"。换言之，只能说物质环境与意识有"关系"或"关联"，不能说物质决定意识。不同的文化，是基于人类主观上人生态度的不同，不能从物质条件的不同去求根本的解答。由于有了这种根本的看法，所以后来他虽立言经济的重要，有"拿不出经济方案来，休谈政治"的话，并立言社会经济制度的改革，为改善社会阶层间的不公平，达到合理人生的要图，而且他自己复放弃纯学术的研究去倡导乡村建设运动，以求改善农村的经济生活，为政治建设寻一新出路。简言之，他采取了社会改革的理想，而理论上他却始终没有陷于物质决定精神窠臼。梁漱溟说："若拿唯物史观来说明西方政治上社会上之'德谟克拉西'精神所从来，我并不反对……我只要问：如中国，如印度有像欧洲那样不断变迁的经济现象么？如承认是没有的，而照经济现象变迁由于生产力发展的理，那么一定是两方面的发展大有钝利的不同了。可见还有个使生产力发展可钝可利的东西，而生产力不是什么最高的动因了。——马克思主义说生产力为最高动因。这所以使生产力发展可钝可利的在哪里呢？还在人类的精神方面。"①

贺麟对物质与精神之间的关系，提出了自己的看法："所谓物质，一定是经过思考的物质，所谓不离心而言物。一块黑板是客观的黑板，因为大家公认它是一块黑板。易言之，黑板之所以为客观的黑板，因其建筑在人们共同的主观基础上。离开主观，没有客观。凡是'客'的东西，一定要经过'观'。宇宙自然是客观的，因为我们大家对它有共同的了解，共同的认识，若大家不能认识，无有'观'，则世界即不成其为'客观'世界了。"② 在贺麟看来，物质决定意识，身体决定心灵，即存在决定意识，这都是心理学的事实；思想的根本，是一个逻辑问题，不是一个生理问题。"马克思以之研究物质，黑格尔以之研究心灵，一个注重经济生活，一个注重精神生活，两人只是应用不同，而不是根本的不同。"③ 关于"决定"，贺麟认为有三种意义，一是常识意义的影响。二是因果的决定，体用的决定关系不是因果的决定。三是逻辑的决定，"即认体为在逻辑上的在先，较根本，而为用之所以为用之理。换言之，谓逻辑

① 梁漱溟：《东西文化及其哲学》，《梁漱溟全集》第1卷，山东人民出版社1989年版，第374页。

② 贺麟：《五十年来的中国哲学》，上海人民出版社2012年版，第79页。

③ 贺麟：《五十年来的中国哲学》，上海人民出版社2012年版，第80页。

上物永远为心所决定，意即指物之意义价值及理则均为心所决定。……心逻辑上先于物，决定物，构成物之所以为物的本质，则思归入黑格尔'实体必须是主体'、'主客统一的唯心论'"①。

　　贺麟以他新心学的眼光，对唯物辩证法的三大规律，提出了自己的看法，即唯物主义不过"是把科学的常识加以玄学化独断化"②，"从哲学方面讲，辩证唯物论也是玄学化了的经济学。"③关于对立统一，贺麟认为，在对立中有主有从，例如身心对立中，心是主身是从；知行对立中，知是主行是从。"这种对立的统一，也便是矛盾的调解，冲突的克服，需要精神的努力。只有精神才能使对立的东西统一起来，物质绝不能统一对立的，这条基本原则我称之为辩证观，是哲学上的一个重要观点。"④ 表面上看来，贺麟是唯心主义，对唯物辩证法的一种误解。实际上，贺麟已经洞察到马克思思想中关于主客二元的关系问题。在这个基础上，唯物辩证法的意义即可呈现出来：在物质的基础上人利用物质进行实践的过程中蕴含的辩证法，即不在于强调抽象的物质是如何运动的，而在于强调人的本质是如何在实践的辩证过程中生成并

　　① 贺麟：《答谢幼伟兄批评三点》，《哲学与哲学史论文集》，商务印书馆1990年版，第418—419页。
　　② 贺麟：《时代思潮的演变与批判》，《当代中国哲学》，胜利出版社1945年版，第79页。
　　③ 贺麟：《时代思潮的演变与批判》，《当代中国哲学》，胜利出版社1945年版，第74页。
　　④ 贺麟：《五十年来的中国哲学》，上海人民出版社2012年版，第80—81页。

发展起来的，辩证法绝不是"物质或自然自身的运动"，而始终是人与自然之间的关系、人与人之间的关系作为自己的载体。因此，马克思是批判形而上学的，主张思想的实在和非实在问题，不能与"实践"分离，否则就会陷入唯物与唯心对立的困境，即唯物论证明物质是实在，而唯心论则认为心灵是实在。马克思摆脱了去寻找实在的歧途，给实在问题加上"实践"这一概念，与传统的形而上学彻底决裂。

在贺麟看来，唯物史观的物不是纯粹的自然物，如电子原子的运动；其所谓物，乃是广义的物，泛指社会的经济事实、经济现象、生产制度。贺麟认为，唯物史观是一种外观法。所谓的外观法，是研究一个问题所以发生的外表现象，如地方背景、时代背景等。"唯物史观就是注重社会背景的一种历史观，它认为一人的思想行为，受整个社会经济环境所支配，所以要研究某个思想之所以发生，不要从思想的本身里去找原因，要从思想外面去找原因。这是一种客观或外观的研究。"① 贺麟认为，与外观法相对应的是一种内观法，是比较深刻的看法，内外二种看法其实并行不悖，共同构成了全体观。有了全体观的成就可知道外观内观均有所偏，只有从内外两方面来看，才能深刻而彻底。贺麟认为："辩证法唯物论的根本缺点是忽略个性，忽略人格，将人与人的差别完

---

① 贺麟：《五十年来的中国哲学》，上海人民出版社 2012 年版，第 82 页。

全抹煞，只知以外界的环境来解释人类的生活。在民族方面，也忽略了民族性和民族精神。只承认经济条件能支配一切。"①辩证唯物论在中国的贡献"不在提倡科学，亦不在研究哲学，且未提倡纯正的社会科学的研究，使人民的思想更开朗。其力量所在，乃是满足青年情志的要求，给一部分喜于热烈行动精神的青年，以政治的信仰，理论的简单公式和信条。所以决不能代表真正的学术兴趣，满足青年真正的求知欲。"②

　　马克思曾在《1844年经济学哲学手稿》中讨论了"谁生出了第一个人和整个自然界"的问题，这个问题涉及世界的本原，是历来唯物主义与唯心主义所争论的焦点所在。马克思认为这个问题本身就是抽象的产物：

　　　　请你问一下自己，那个无限的过程本身对理性的思维来说是否存在。既然你提出自然界和人的创造问题，你也就把人和自然界抽象掉了。你设定它们是不存在的，你却希望我向你证明它们是存在的。那我就对你说：放弃你的抽象，你也就会放弃你的问题，或者，你想坚持自己的抽象，你就要贯彻到底，如果你设想人和自然界是不存在

_____

　　①　贺麟：《时代思潮的演变与批判》，《当代中国哲学》，胜利出版社1945年版，第79页。
　　②　贺麟：《时代思潮的演变与批判》，《当代中国哲学》，胜利出版社1945年版，第79—80页。

的，那么你就要设想你自己也是不在的，因为你自己也是自然界和人。不要那样想，也不要那样向我提问，因为一旦你那样想，那样提问，你就会把自然界的存在和人的存在抽象掉，这是没有任何意义的。也许你是个设定一切都不存在，而自己却想存在的利己主义者吧？①

显然，传统的马克思主义者仅仅是从自然科学的宇宙起源论或自然哲学的本原论的角度出发来理解世界概念的。也就是说，他们只是从时间在先的意义上关注世界是如何发生的，而不重视逻辑在先的意义上来思考世界的本质是什么。如果把思想比作一棵大树，历史唯物主义关注的是大树与土壤、空气以及其他树之间的关系，追问为什么这棵树会长那么高、树叶为什么是绿色、树枝的分叉比较多等问题，而不是像形而上学研究树干是什么、树叶是什么、树枝是什么等问题。在这个意义上而言，马克思主义是新哲学，超越了旧哲学。

> 近代中国形而上学的困境是与其未能真正将存在问题纳入其哲学视野有关。……"存在"这个概念与事物、存在者、实在和生存等概念有密切的联系。这就使得西方

---

① 《马克思恩格斯文集》第 1 卷，人民出版社 2009 年版，第 196 页。

形而上学可以通过存在论直接与实在发生关系，摆脱独断
论的桎梏。具体性、历史性、事实性、个别性、有限性、
差异等新的存在论原则使形而上学由封闭走向开放，从超
验世界回到了生活世界。①

现代中国知识分子对马克思主义的批评，其批评对象实
际上并不是马克思主义本身，而是教条的马克思主义。1941
年秋，毛泽东曾提出，要分清创造性的马克思主义和教条式
的马克思主义，要使中国革命丰富的实际马克思主义化。正
因为教条主义与马克思主义哲学根本对立、与马克思主义哲
学中国化背道而驰，自然也成为知识分子坚决批判和反对的
对象。

谢幼伟（1905—1976），广东梅州人，曾在哈佛大学获哲
学硕士学位。唯心论思潮的代表人物，著有《伦理学大纲》《当
代伦理学说》《人生哲学》《西洋哲学史》《现代哲学名著述评》《中
西哲学论文集》等二十余种。谢幼伟对唯物论持批判态度，曾
撰写《唯物论述评》一文。关于"唯物论"（materialism）的译
名，谢幼伟认为不甚妥当，赞同张荫麟译为"物宗"。谢幼伟
指出："唯物论虽比唯心论为简单，然其历史则不必唯心论为
短。……号称西洋哲学鼻祖之希腊哲人泰里士（Thales）以水

_____

① 张汝伦：《现代中国思想研究》，上海人民出版社 2014 年版，第 536 页。

为万物根本，固唯物论之第一人。是以思想之进展言，唯物论实先于唯心论。唯物论有如此久远之历史，其涵义自不能不随时代而有所改变。且唯物论与科学关系至为密切，科学概念含有改变，唯物论之涵义亦必有相关之改变。故欲为唯物论下一确切之界说，事亦困难也。"①因此，谢幼伟梳理关于"唯物论"的名称：自然主义和唯物论。关于自然主义，有的哲学家从本体论与方法论的统一论述，以自然为实在的全部；有的哲学家从哲学与科学的关系说明，科学学说运用于哲学问题。关于唯物论，有的哲学家以物质的特性说明唯物论，物质运动为宇宙之主要成分或终极事实；有的以物质为唯一实在，以自然律之宰制一切。谢幼伟认为哲学家为一家之言，把哲学史上关于唯物论分为三类：一是唯物论。自然界之一切事物，其最后之分析，不过在运动之原子而已。二是能力论。物质是一种能力形式。三是实证论。凡真实之物必皆因在因果秩序下而联结，即可为某一实证科学所观察。

在谢幼伟看来，新旧唯物论的不同在于，辩证唯物论以黑格尔的辩证法加入唯物论中，着重点在辩证法，而不在唯物论。但是，谢幼伟又认为唯物辩证法的主张不成立。一是存在先思维而实有，思维为存在所决定。二是物质为一种变迁，一种运动，一种过程。三是物质之运动以矛盾为原理。

---

① 谢幼伟：《唯物论述评》，《思想与时代月刊》1943 年第 27 期。

　　谢幼伟从中国传统文化的角度理解唯物论，提出了自己的
观点：

　　　　唯物论视物为独尊，而以心为附属品，此虽不涵蕴
　　道德意义，然其道德意义则至大。以物为独尊，则心非重
　　要，心非重要，则不知其所以养其心，不知所以养其心，
　　则心与物接，心必为物所诱，而不能保持其灵明之德。逐
　　物而不知返者，心失其养也。故儒家言格物致知后，必
　　正心诚意。盖无正心诚意之一套工夫。则心逐于物，心不
　　自主，格物致知之结果，可徒知有物而不知有心。不知有
　　心，或不知心之重要，则纵能由格物而宰制物，物为人
　　役，然人亦必为物所役。①

　　事实上，马克思恩格斯从来没有否定过意识形态或心理的
因素对历史所起的作用；相反，他们认为，一个时代的生产关
系只有当在"创造历史"的人的头脑中转化为一定的意识形态
（即一定的概念），并作为意识形态而推动人们采取行动，亦即
成为所谓的"观念推动力"时，那它才能成为对历史起作用的
因素。马克思自己也说，由于一个社会经济基础的变化而引起
的社会冲突是以意识形态的形式来进行决战的，亦即以观点和

―――――――――
　　①　谢幼伟：《唯物论述评》，《思想与时代月刊》1943 年第 27 期。

意见的争论来进行决战的。

　　心理学家郭任远①撰写《马克思主义是科学的吗?》小册子，从心理学和生物学的所谓学理试图彻底否认马克思主义的科学性：一是污蔑马克思主义不仅是非科学，而且是反科学，并且是极端的主观派；二是攻击马克思主义是一个"思想落后"的学说；三是指责马克思学说处处违反进化论，处处和生物学的学说不符；四是以心理学为解决社会问题的前提，批评马克思学说与心理学相冲突。当时对马克思批判，有很大一部分认为马克思只看到物质的作用，看不到精神的作用。②从表面看，似乎是对马克思唯物史观理论的误读。但从深层次看，似乎源于将马克思与社会科学混淆。对此，有文章提出郭任远曲解马克思的学说，是统治阶级的言论，欺骗群众，并针对郭氏的观点一一详细反驳。"不用说，马克思主义在阶级分化显然矛盾冲突激烈化的今日中国，次第普及扩大成为无产阶级之理论的武器的时候，统治阶级和其理论的代表者对于危害自己社会的存在自己阶级的这种危险思想，必然的要起来压制博击来维持其将倾的地位。照这说来，郭教授对于马克思主义的批评，有

---

　　① 郭任远（1898—1970），早期激进的行为主义者。20世纪20年代郭任远挑起了关于本能问题的论战，轰动了美国心理学界。此后他提出心理学应该以人类或动物的行为或动作为研究对象，坚决主张抛弃心理学中一切主观性的名词术语，被称为"超华生"的行为主义者。1922年回国后致力于中国心理学启蒙和发展活动，被称为"中国的华生"。

　　② 郭任远：《马克思主义是科学的吗?》，《中央半月刊》1927年第4期。

其社会的物质的根据。"① 反驳中虽有一些学理的应用,但并不深刻,主要集中在例如引用不对等细枝末节,反驳的论证不够有力。马克思大部分时候其实是被理解为一种以经济决定论为中心的社会科学,所以其他的社会科学可以与之并列,例如文化的、政治的等。但事实上,社会科学只能解决或者分析社会的一个层面,展现社会的一种现象,正如古典经济学那样,是对人类经验结果的表述。而马克思其实是超越了对人类社会现象、人类经验结果的表述,而发掘批判这现象背后的根基,即这些社会科学理论前提的基本法则。如果无法意识到这一点,就只能是各种学派、各种观点的互相争执,各执一方。

(二)决定论与自由意志论之间的冲突

在人类社会发展史上,历史有没有规律性是一个大问题。在西方,由于近代科学崇尚因果关系,因此将世界描绘成决定论;同时,近代流行的个人主义,强调个人的自由意志,将世界描绘成非决定论。这种决定论与非决定论之间的对立,在近代中国也鲜明地表现出来。鸦片战争以来,传统中国的"天人合一"的开始衰落,"天"与"人"之间的分裂逐步显现:一

---

① 王昂:《反科学的马克思主义还是反马克思主义的"科学"?:驳郭任远的"反科学的马克思主义"(未完)》,《新思潮》1930 年第 4 期。

方面是"天命的没落",它导致了贯穿整个近代的价值迷失;另一方面是人的地位的上升,人的力量包括意志的力量在价值系统中的上升,导致力本论宇宙观的出现。它反映了对力量的追求这一中国的现代性,同时也可以说是特定时代人本主义的具体形态。一个古老的哲学问题——决定论和自由意志的冲突——在宇宙论和历史观中都鲜明地凸显了。① 具体而言,"决定论"这一宇宙观影响着国人对中国文明向何处去的判断,"公理"这一概念就集中体现了国人对世界的看法。第一次世界大战的结束,颠覆了"公理"的权威,"天理"的意识开始抬头,展开了主义与问题之争,科学与玄学之争。"天理"背后蕴藏着一个有意味、有价值、有意义的有机世界,需要"自由意志"的生生不息;而"公理"是一个为牛顿力学所主宰的物理世界,这个世界是可以用科学来认识和把握的,需要"决定论"的鲜明指向作用。

显然,在马克思主义中国化过程中,也不能回避这一问题。唯物史观对于现代中国历史观演进具有特别的意义。唯物史观为中国知识分子提供了解决因西方入侵而产生的"历史与价值"之张力的凭借。唯物史观,通过使中国传统的基本价值历史化,使得中国人能勉强接受抛弃这些传统价值的需要;同

---

① 高瑞泉:《天命的没落——中国近代唯意志论思潮研究·新版弁言》,上海人民出版社 2007 年版,第 2 页。

时，通过展示出现代西方的价值同样受时间限制这一性质，减轻了中国人在面对西方时的自卑感。① 在马克思看来，任何一个社会都是从经济生活条件和关系中形成意识形态总和，在这个总和之中更小的团体，同样还有个人都依照其特殊的观念范围过着特殊的观念生活。这种独特的思想文化背景，使中国的马克思主义者有着自己的思考。李大钊在《我的马克思主义观》一文中坦率地指出了马克思理论中的经济决定论和马克思强调的政治觉悟重要性之间的矛盾。② 然而，李大钊并没有把经济的决定作用绝对化，李大钊指出这有"倾于定命论宿命论之嫌，恐怕很有流弊。比较起来，还是称马克思说为'经济的历史观'妥当些"。瞿秋白则以《反杜林论》为依据，认为"'自由'不在于想象里能离开自然律而独立，却在于能探悉这些公律；因为只有探悉公律以后，方才能够利用这些公律，加以有规划的行动，而达到某种目的。因此，所谓'意志自由'，当解作：'确知事实而能处置自如之自由'；若是否认因果律就算自由，那真是盲目的真理了！"③ 直到 1939 年 7 月，刘少奇在延安马列学院作了《论共产党员的修养》，对共产党员提出了党性锻炼的要

---

　　① 　J.Levenson, *Confucian China and Its Modern Fate*, Vol.3, Berkeley and Los Angeles: University of California Press, 1968.

　　② 　《李大钊与马克思主义的起源》，中共党史资料出版社 1989 年版，第 136 页。

　　③ 　瞿秋白：《自由世界与必然世界》，《瞿秋白选集》，人民出版社 1985 年版，第 116—117 页。

求；1941 年 7 月，在中共中央华中局党校作了《论党内斗争》的讲演，提出了开展党内斗争的正确方针。由此，中国的马克思主义表现出道德主体化与实践本体化的特征。当毛泽东说我们找到了一条新路——民主，这个民主就变成了革命正当性的对应物，说到底是人民正当性。[①] 正当性不再诉诸"天"，而转为"民"，由天转化为民，标志着马列主义的心性化和主体化。中国马克思主义理论形态的这种转向背后，隐藏着中国思想文化的特质："五四时期，中国知识分子认同的马列主义是学理式的，共产主义道德和革命人生观由社会发展规律推出，而社会发展规律又建立在辩证唯物论世界观上。共产党人要坚定无产阶级立场、建立新道德理想，就必须先掌握马列主义本本。这样，学习原典和马列知识是建立新道德的前提。而毛泽东和刘少奇把理学式的知识和道德的关系颠倒过来，让它具有类似于宋明理学第三系的结构，这就是道德决定宇宙观和知识。"[②]

回到文本，马克思在说明证明未来共产主义社会的实现时，为了免于沦为 18、19 世纪空想社会主义者空中楼阁的想望，进行了巧妙的处理："一方面，将阶级斗争、作为历史主体的无产阶级，以及唯物史观，在理论与实践上紧紧地扣在一起。另一方面，马克思再三强调，他不为未来美好社会规划详

---

① 许纪霖：《政治正当性的古今中西对话》，漓江出版社 2013 年版，第 39 页。
② 金观涛、刘青峰：《中国现代思想的起源——超稳定结构与中国政治文化的演变》，法律出版社 2011 年版，第 269 页。

细蓝图。这样一来，共产主义革命的主体、社会主要矛盾的来源、历史演进的规律和实践的方向和方法，将予以一科学的、系统的阐释。"[1] 这样的逻辑，在20世纪20年代以后的中国马克思主义中得到了很好的体现。此处特别值得注意的是下面这个逻辑的关联：发现社会规律→不可抗拒的规律→人生的意义在于顺应这一规律→为人类社会的发展与进步作出贡献。人生观与历史观结合，找出"自己的历史定位""自己的历史使命"，并引向反帝、反封建的一套系统的说服力与吸引力，从此生活不再是没有确定答案的问题，也不再没有方向的浮萍。[2] 在这种逻辑中，蕴含着中国思想文化的特质。中国思想的主流儒学基本属于"改变世界"的类型。儒学当然也有"解释世界"的成分和其他的成分。但是当作一种社会、政治哲学来看，儒学的主要目的在于安排秩序，或重建秩序（在秩序已不合理的情形下）。程、朱之所以定《大学》为儒学的总纲领，其用意即在于此。这种"改变世界"的性格尤其突出地表现在"经世致用"的观念上。虽在乾嘉考证学鼎盛之际，第一流的学人仍未忘"经世"的目的。晚清的经世运动汇结于康有为的《孔子改制

---

① 王远义：《宇宙革命论：试论章太炎、毛泽东、朱谦之和马克思四人的历史与政治思想》，《现代中国思想的核心观念》，上海人民出版社2011年版，第683页。

② 王汎森：《后五四的思想变化：以人生观问题为例》，《现代中国思想史论》上卷，上海人民出版社2014年版，第110页。

考》，尤其可以说明 19 世纪末到 20 世纪初儒学内部存在着"改变世界"的强烈要求。严译《天演论》风靡全国，正是因为它为"改变世界"的可能性提供了"科学的"根据。……马克思主义之所以能继实验主义之后为许多中国知识分子所接受，这也是基本原因之一。①

马克思主义是决定论和能动论的特殊混合物，因为二者都是社会历史发展一般规律的学说，也是革命实践的哲学。在马克思主义世界观中，人既是历史的主体又是它的客体，人既是自己过去历史的产物，又是自己未来的创造者。"这种哲学关注的是人失去了人的自身，关注的是重新恢复人的本性及发挥人在现实社会中的能动作用。决定论和能动论的因素，都集中在马克思主义理论密切相关的社会主义目标上。马克思根据历史的客观力量解释社会主义是必要的，也是不可避免的。但是，他强调人的'自觉性'和'自觉活动'都是取得社会主义胜利的主观因素。"②

现代中国知识分子对于决定论与意志论有自己的思考。1923 年 11 月，胡适在《答陈独秀先生》中区分了自己的"唯物的人生观"与陈独秀的"唯物的历史观"：

---

① 余英时：《中国近代思想史上的胡适》，《现代危机与思想人物》，生活·读书·新知三联书店 2012 年版，第 171 页。

② ［美］莫里斯·迈斯纳：《李大钊与中国马克思主义的起源》，中共党史资料出版社 1989 年版，第 138 页。

　　（1）独秀说的是一种"历史观"，而我们讨论的是"人生观"。人生观是一个人对于宇宙万物和人类的见解；历史观是"解释历史"的一种见解，是一个人对于历史的见解。历史观只是人生观的一部分。（2）唯物的人生观是用物质的概念来解释宇宙万物及心理现象。唯物的历史观是用"客观的物质原因"来说明历史。（狭义的唯物史观则用经济的原因来说明历史。）……我们虽然极端欢迎"经济史观"来做一种重要的史学工具，同时我们也不能不承认思想知识等事也都是"客观的原因"，也可以"变动社会，解释历史，支配人生观"。①

　　在五四之后，新儒学思想，尤其是王阳明思想对梁漱溟、熊十力、贺麟、唐君毅、牟宗三等人物具有很大的吸引力。"宇宙存在的最终根据也是人的精神—道德生活的源泉；精神—道德的良知，把人与这个终极联系在一起。我们在这里看到，是以直觉为理由来排斥笛卡尔以后认识论的怀疑论，排斥'非价值'的宇宙观。"②20世纪三四十年代的新心学已经脱离了宋明理学时期的古代语境，融合了康德、黑格尔等近代德国哲学的

---

① 胡适：《答陈独秀先生》，《科学与人生观》，岳麓书社2012年版，第25—26页。

② ［美］费正清编：《剑桥中华民国史：1912—1949年》上卷，杨品泉等译，中国社会科学出版社1994年版，第430页。

精神，应对的是作为世界历史体系中的中国如何处理现代危机的问题，即政治领域的国家主义和民族主义、经济领域的工商政策和文化领域的科学主义。施存统曾在一篇文章的译后记中这样介绍河上肇的思想："河上肇的意见，以为初期社会主义者只看见心没有看见物；科学社会主义者，只看见物没有看见心，他以为都有谬误，应该心物并重，不能过重一物，也不能丢了一面，简单地说，他主张于经济改造之外，还要做道德的改进，不要把经济改造当作惟一的目的，他以为科学社会主义及唯物史观都不是和宗教互相矛盾的，他以为蔑视宗教、轻视道德这一点，是现代社会主义主张最可怕的弊害。他劝我们不要想不基于事实的空想，也不要只管做一个扣头于事实面前没有理想的人。他一面相信唯物史观，一面又相信基督教，大概就是说这个心物调和的表现罢。"① 马哲民②深感于处理"精神"问题的书籍，大半为"唯心论"的主张所占据，即便是所谓的"唯物史观"派，也承袭了"经验批评论"的错误，把精神活动和精神现象，只当作物质生产——实际上只是经济生活的如实反映，不能区分"精神生产"与"精神生活"的不同，为此

---

① ［日］河上肇：《社会主义底进化》，施存统译，《社会经济丛刊》（一），泰东图书局1933年版，第18—19页。

② 马哲民（1899—1980），字浚，号铁肩。湖北黄冈人。1927年七一五事变后脱离中国共产党，1942年加入中国民主同盟，代表作有《社会进化史》《社会经济概论》《精神科学概论》《新社会学》等。

他专门研究马克思主义的"精神生活"与"精神生产"过程的研究，写成了《精神科学概论》。

对此，马克思主义者予以激烈的批评。20世纪30年代，艾思奇撰文批评这种唯意志论思潮，认为中国哲学界自五四至1927年普遍倾向于人生问题、心灵问题、道德问题的研究，形成了一个"人生问题较优胜的时代"，其实是资产阶级无法直面物质社会的发展、企图躲入精神世界寻找安慰的结果，在中国体现为"封建地主哲学与资本主义哲学之结合"。① 艾思奇论述道：

> 意志的自由也就是改变对象和克服对象的自由。如果仅以顺应必然性为自由，那么未克服的对象对于主观活动的阻碍，也是一种必然，对于这样的一种必然而要讲顺应，这并不是自由，而是屈服。有人说：社会科学预言将来的社会是必然要到来的，既是社会的必然，人何必要为它的到来而多事地努力和争斗呢？其实必然性本身是有矛盾的。社会的进步是必然，而进步过程中必有保守的阻力，这也是一种内在的必然，进步的必然性不进而克服了这保守的必然，进步就必不能成为现实性，这里，就说明

① 艾思奇：《二十二年来中国哲学思潮》，《艾思奇文集》第一卷，人民出版社1981年版，第66页。

　　为什么需要人的努力。于是可以知道，自由不仅是顺应必然性就能成立，而是要依着必然性去克服必然性的体系自身的矛盾，才能显现的。①

　　这种唯意志论与西方哲学史上的唯意志论不同。后者是一种存在论，它讲的"意志"一般也不是人的主观意志，而是本原的存在。而中国现代的唯意志论只是一种思想方法，强调人的主观精神的决定作用。这种唯意志论是中国现代思想史上激进思潮的主要根源之一。②

　　朱谦之认为用科学和理性并不能够使人认识到宇宙本体，"心""精神""情意"是改变世界的动力。朱谦之是这样阐述的："科学实在受理性的支配，革命却是感情所结合而成的情绪……科学是知识的，革命是本能的；科学是静止的，革命是活波的；科学是必然的，革命是意志自由的。总之，科学家是用冷静的头脑，去控制一切；革命家就反一面来，只管顺着感情而行。……因革命家脱尽理性的羁绊，所以既能创造，又能进步。"③朱谦之认为："考察革命发生的原因，由马克思的唯物

　　①　艾思奇：《从新哲学所见的人生观》，《艾思奇全书》第一卷，人民出版社2006年版，第232页。

　　②　张汝伦：《现代中国思想研究》，上海人民出版社2014年版，第409页。

　　③　朱谦之：《革命家的性格与精神》，《无政府主义思想资料选》上卷，北京大学出版社1984年版，第455页。

史观看去，只是随着物质变动而来，然而这经济的命运之机械的理论，毕竟不能得革命真相，而且把他的价值看低，自己也犯了矛盾的谬误。何则？唯物史观是本于历史的经验去思考事物，今既绝对不以精神的存在，那么代表感觉思想的经验，又是什么？何况唯物史观的自身，也是由于马克思思索而来，要不以思想的存在，那唯物史观的学说，岂不是根本推翻？由此可见，心的要求可外于物质而有，换句话说，有了那种心的要求，才有那种物的要求，而物的要求，绝不能外于心而有所变动。所以用唯物史观来说革命，是不可以的。而革命的真谛，反由于心的要求；不过心的要求，同时不能不发生物的要求罢了。"① 在这里心与物的关系，涉及了经济事实如何转化为观念的历史因素这一问题，马克思没有解释，恩格斯谈的不多。有论者是这样解释的：从经济发展中产生了各式各样的生产关系，生产关系就其整体而言，表现为某一种社会存在（某一种社会形式），于是这种物质的现实在社会成员的思维过程中又转化为一系列的表象和概念，仔细观之，这些只是这种现实的"映像"。②

另外，现代中国知识分子对于阶级斗争也是持否定态度。

---

① 朱谦之：《革命家的性格与精神》，《无政府主义思想资料选》上卷，北京大学出版社 1984 年版，第 447 页。

② ［德］亨利希·库诺：《马克思的历史、社会和国家学说——马克思的社会学的基本要点》，袁志英译，上海译文出版社 2014 年版，第 537 页。

胡适与当时的很多知识分子都有相同之处，肯定了唯物史观，否定了阶级斗争学说：

> 唯物的历史观，指出物质文明与经济组织在人类进化社会史上的重要，在史学上开一个新纪元，替社会学开无数门径，替政治学说开许多生路：这都是这种学说所涵意义的表现，不单是这学说本身在社会主义运动史上的关系了。这种唯物的历史观，能否证明社会主义的必然实现，现在已不成问题，因为现在社会主义的根据地，已不靠这种带着海智儿臭味的历史哲学了。但是这种历史观的附带影响——真意义——是不可埋没的。又如阶级战争说指出有产阶级与无产阶级不能并立的理由，在社会主义运动史与工党发展史上固然极其重要。但是这种学说，太偏向申明"阶级的自觉心"。一方面，无形之中养成一种阶级的仇视心，不但使劳动者认定资本家为不能并立的仇敌，并使社会上本来应该互助而且也可以互助的两种大势力，成为两座对垒的敌营，使许多建设的救济方法成为不可能，使历史上演出许多本不须有的惨剧。①

---

① 胡适：《问题与主义》，见欧阳哲生编：《胡适文集》第2册，北京大学出版社2013年版，第277页。

　　醒狮派理论家邓叔耘在《马克思主义与爱国主义》一文中说：

　　　　阶级斗争是否是由近代工业社会所产生出来的历史律？马克思是以科学社会主义者自豪的，他以为他的理论绝对没有主观的色彩而是从事实归纳出来的。我们在讨论唯物史观的时候，已经几次把这种虚伪指出：认定此种"客观癖"与"科学幼稚病"，完全是欺骗顾客的招牌。财富是否是阶级区分的惟一标准？马克思特说立论出处都是从经济或物质着想的，所以他区分阶级的标准，完全是经济情形。其实仔细观察并思考起来，阶级概念并不如此狭窄。财产固然是阶级的构成条件之一，但财富之外尚有许多关于感情、道德、习俗方面的条件，同是一样重要。①

　　道德是否有阶级性，这是现代中国知识分子讨论的学术热点之一。谢幼伟探讨了道德的起源，认为"道德是人类经验的产物，是人类生活的经验中所得到的教训"，是全人类所共有的，决不是某一阶级的产物，也决不是某一阶级所专有的。具体而言，道德既不是上层阶级的产物，又不是上层阶级所专有，同时，下层阶级又不能不要道德。道德与经济之间的关

-----

　　①　邓叔耘：《马克思主义与爱国主义》，《醒狮》周刊第 163 期，1927 年 11 月。

系，是厘清这一问题的关系。谢幼伟对唯物史观提出了质疑：
"道德是否是这样没有力量的东西？道德是否为经济所决定？
道德是否只处于被动的地位而不能对经济发生任何作用？"

　　现代早期知识分子将唯物史观运用于中国历史分析的最
初尝试有两个明显的共同点。首先，他们选择性地使用马克思
主义，自由地将马克思主义的概念和来源于其他原始资料的社
会经济概念混合在一起。其次，他们主要聚焦于经济混乱和制
度、思想变革之间的关系，而都绕过了马克思主义历史理论最
根本性的问题，特别是历史上的阶级关系的作用以及它们的结
构表现——与特定阶级关系对应的社会结构。①

　　恩格斯说："外部世界对人的影响表现在人的头脑中，反
映在人的头脑中，成为感觉、思想、动机、意志，总之，成为
'理想的意图'，并且通过这种形态变成'理想的力量'。"② 当
然，诸如"反射""映像""反映"之类的说法是不够精确，容
易造成对唯物史观产生歧义。在恩格斯看来，意志的推动者就
是对意志起作用的意识形态力量，是感觉、思想等；不过他认
为这些又不完全是独立的，或者说是半独立的东西，而仅是后
果，经济关系的代理者所引起的中间因素，经济关系通过这种

----

　　① 　[美] 阿里夫·德里克：《革命与历史——中国马克思主义历史学的起源，
1919—1937》，翁贺凯译，江苏人民出版社 2010 年版，第 23 页。
　　② 　恩格斯：《路德维希·费尔巴哈和德国古典哲学的终结》，《马克思恩格斯
选集》第 4 卷，人民出版社 2012 年版，第 228 页。

中间因素对人的活动产生影响。

20 世纪 40 年代，胡克出版了《理性、社会神话和民主》一书，他以"实用主义马克思学"的立场，将恩格斯关于自然辩证法的含义划分为三类七种，把马克思关于辩证法的含义归结为三种。其主要思想就在于要说明，马克思的辩证法适用人类历史和社会，它的原则主要表现为历史意识和阶级活动的逻辑，它是意识生活的哲学韵律，而自然的客观秩序同辩证法无关。所以，他认为马克思从未谈到过一种自然辩证法，因为将辩证法应用于自然的企图，是同马克思的出发点相矛盾的。而恩格斯关于自然过程是受辩证法否定支配的描述，则是把意识的要素当成了一切事物的一个普遍的特征，因而同马克思的思想是不相容的。为了否定自然辩证法、否定辩证法的客观实在性，他把科学方法与客观规律、逻辑矛盾与辩证矛盾混同起来，否认规律，否认矛盾的客观性、普遍性。马克思不是先得出"自然史过程"的内涵，然后以此类比社会史，而是相反，他已经理解了的社会史与达尔文后来所揭示的生物进化过程存在着某些可比的类似性，如阶级斗争与生存竞争、社会工艺史与自然工艺史等。

张君劢对自己的学术思想立场有如下说明：

> 我之立场，谓之为理性主义可也。我所谓理性，虽沿欧洲十八世纪之旧名，然其中含有道德成分，因此亦可

> 迳称为德智主义，即德性的理智主义，或曰德性的惟心主义……。吾所以推尊理性，以为应驾理智与行动而上者，盖以为理智如刀，用之不得其当，鲜有不伤人者；行动如马，苟不系之以僵绁，则骑者未有不颠且踬者。重理性者，所以纳二者与规矩中也。①

在知识论和价值论问题上，张君劢是个彻底的唯心主义者，这不是说他认为心灵创造世界万物，张君劢在其《唯物史观与唯物辩证法述评》一文中指出："所谓唯心唯物之'唯'字，只是'特殊'的意思，并不是'惟独'的意思。在认识上而言唯心，只是说心，或思想，有特殊的作用；并不是说只有心，也不是说心能造物。"②一切知识和文化都是心之综合和精神之运行的结果。知识需要概念，而概念由心构成，这是康德认识论给他的启发。

在张君劢看来，"心的作用即是思想作用，思想中具有理性之规范以组织官觉所传达之材料，其经此组织而成者是谓一个概念"。

张君劢认为，唯物史观有两层错误：

第一，他是把经济系统隔离化、抽象化、孤独化，把它当

---

① 张君劢：《张东荪著〈思想与社会〉序》，《中西印哲学文集》，台北学生书局 1981 年版，第 121—122 页。

② 张君劢：《唯物史观与唯物辩证法述评》，《时代精神》1941 年第 1 期。

作一个外在的实体，其存在犹如物理现象之为外在同。因其把它抽象化、孤独化，所以才可以为政治法律的下层基础；然而事实上这个经济机构还不能脱政治法律而独存的，事实上它只能与政治法律混而为一，或一个发展。

第二，马克思把唯物论的见地应用到经济结构上。马克思的错误虽有两层，其实根本的还是在不认识社会现象中人类精神的成分；因为不认识这个成分，所以无往而不偏颇。"我们讲形而上学时，是对于一切现象，加以一个本体论的见解以及宇宙论的见解。这种办法同样可以应用到社会上去。即是说，我们对于社会也可以从本体论方面，找出其基本的质素，再从宇宙论方面说明这种质素的组织与发展。唯物史观，当作社会组织本身的原则看，也就是这种形而上学的社会观，但是它错了。我们现在也是用这种观点看社会，所以我们必须得利用现代对于自然现象的见解之新原则方可，即是说，能利用现代形而上学中的新原则方可。"张君劢强调精神意志的作用，在他看来，唯物史观所谓的历史定命论，历史必然性，乃是只孤独地认识了物化的机括，而未认识到人类的意志。在这个意义上而言，张君劢对罗素有所批评："他举出了这个事实，但其理论是零碎的。没有成为一个系统。"

"在张君劢的时代，不仅反理智主义公然拒斥理性和理智，而且科学主义和实证主义也只承认理智和理论理性，不承认实践理性，使得道德和形而上学问题失去了理性的基础，从而岌岌可危。"①现代中国知识分子试图使道德形而上学或者从超感觉的世界中得出道德原则的因果观，即在人的某种天生的道德感觉中和道德意识中寻求道德的基础，或者在一个所构想的纯理性世界中寻求这种基础，这些和马克思的道德观是完全对立的。按照这种逻辑，我们在人类世界中所发现的积极而具体的道德内容，即经验的道德是某种永恒的道德基本原则的积淀，虽然相应的生活状况对道德的外部形成和各个道德准则的特殊的具体内容也可能发生某种个别的影响。

马克思主义者和知识分子在上层建筑能动性上的分歧直接导致了他们对人的自由及其实现的不同说明。马克思主义者强调经济的必然性是政治的上层建筑的能动性的根据，于是，以外在的必然性规定人的自由，认为人的历史活动是指人的有意志的行动，而人的有意志的行动是否自由，在于它能否认外部必然性，从而成为必然链条中的一个环节；知识分子以文化的上层建筑能动性本身为历史活动的目的，坚持人的自我创造活动规定人的自由，认为人的自由不需要外在必然性来规定，恰恰相反，它是把外在必然性作为自身的实现的表现形式。这两种不同的说明恰恰揭示了人的自由的不同功能，马克思主义者的说明揭示了人的自由的理性功能，知识分子的说明揭示了人

---

① 张汝伦：《现代中国思想研究》，上海人民出版社 2014 年版，第 760—761 页。

的自由的价值功能。

历史唯物主义是解决问题的一个可选方案，这一点连非马克思主义者也承认："所谓'上层建筑'（Superstructure）被下层基础决定的说法，固有一定的理由，因为在不同的时代确有不同的思想，这些思想多少可以反映当时的社会状态。但是上层建筑被现实社会所决定，并不是一对一的、简单的、机械的关系，我所了解的马克思主义并没有这样机械的看。马克思主义讲思想掌握了群众，便变成物质力量。又说哲学的任务是要改变世界。换句话说，上层建筑领域内的东西，一旦被人们接受了也可加强下层基础，而不再是单纯的上层建筑了。"①

李长之② 在《我之〈唯物史观〉观》中提出，唯物史观所解释的是历史条件而不是历史原因。他引用了张东荪的一段话予以论证："原因和条件的不同，柏拉图的对话集中已经提到……凡此皆并原因与条件为一谈，实属不合。倘有人谓吾无筋骨及身体各部，则吾必不能行吾所志，此言是也。然若谓吾行其所行，乃筋骨使然，谓吾心虽有辨别而并不择至当者以行，则不思之谓言儿。"在李长之看来，缺少某种条件，则某事不成，但有了某种条件，某事却不一定成，这就是逻辑上所

---

① 余英时:《中国思想传统的现代诠释》，江苏人民出版社 1989 年版，第 149—150 页。

② 李长之（1910—1978），中国著名的现代作家、文学评论家、文学史家。

谓的必需条件，但不是充分条件。缺少则不成，具有则一定成，这样的条件，才是充分条件。在这个意义上而言，唯物史观所解释的条件，也便只是必需条件而不是充分条件。李长之这样表述了观点："假若有人把唯物史观所解释的，认为是历史原因而不是历史条件，认为是充分条件而不止是必需条件，认为是包括了所有条件，认为是决定的因素，我就反对它。但是假若有人把唯物史观所解释的片面的消极的条件也抹杀，我却也同样反对。"① 李长之关于对"原因"和"条件"概念相混淆的观点，恩格斯曾经在 1891 年 2 月 23 日给考茨基的信中提到过：

> 所有这些先生们所缺少的东西就是辩证法。他们总是只在这里看到原因，在那里看到结果。他们从来看不到：这是一种空洞的抽象，这种形而上学的两极对立在现实世界中只是在危机时期才有，整个伟大的发展过程是在相互的形式中进行的（虽然相互作用的力量很不均衡：其中经济运动是更有力得多的、最原始的、最有决定性的），这里没有任何绝对的东西，一切都是相对的。对他们说来，黑格尔是不存在的……②

---

① 李长之：《我之〈唯物史观〉观》，《时代精神》1941 年第 5 卷第 1 期。

② 恩格斯：《致卡尔·考茨基》，《马克思恩格斯选集》第 4 卷，人民出版社 1972 年版，第 486—487 页。

不可否认，在早期马克思主义传播过程中把条件和原因的概念混为一谈，生产力看作生产关系的原因，生产关系当作社会结果的原因。显然，将条件和原因混在一起的做法则完全堵塞了对马克思主义的理解之路。

在李长之看来，唯物史观是常识，不足以成为学术基础，因为恩格斯把唯物史观理解为一种具体的学说。为了说明自己的观点，他引用了恩格斯的一段话：

> 唯物史观的基础是在于这样一种学说：就是说生产产品的生产和交易是一切社会制度的基础；在每一个有历史的社会里面，这个社会生产着什末，怎么样生产，生产品又用什末方法交易，这些事情支配者生产产品的分配，以及阶级或者等级的形成。因此，社会变动和政治转变的原因，不应当在人的头脑里去找，并不在于人对于永久的真理和正义有多少明白的了解，而在于生产方法的改变和交易方法的改变；换句话说：就是不在那时代的哲学，而在于那时代的经济。①

据此，李长之认为恩格斯是蔽于物而不知人，忽视了心

---

① 《科学社会主义的发展》，第 25 页，据瞿秋白译文；今见鲁迅所编《海上述林》上卷，第 127 页。

理、文化等方面的作用。无论从严格的学术思想体系、学术思想的自身演进，唯物史观都不足以作为学术观点。唯物史观是常识，而不是学识，比如"人穷志短""民无恒产，因无恒心"。"无恒产而有恒心者，唯士为能"，只有少数的"士"才能不为所囿。学识可以解释或改正常识，但常识不能解释或统驭学识。1894 年 1 月 25 日，恩格斯在一封刊登于《社会主义》写给符·博尔吉乌斯的信中表达得非常清楚：

政治、法律、哲学、宗教、文学、艺术等的发展是以经济发展为基础的。但是，它们又都互相影响并对经济基础发生影响。并不是只有经济状况才是原因，才是积极的，而其余一切都不过是消极的结果。这是在归根到底不断为自己开辟道路的经济必然性的基础上的互相作用。例如，国家就是通过保护关税、贸易自由、好的或者坏的财政制度发生作用的。甚至德国庸人们那种致命的疲惫和软弱，——导源于 1648—1830 年时期德国经济的可怜状况，最初表现于虔敬主义，而后表现于多愁善感和对诸侯贵族的奴颜婢膝，也不是没有对经济起过作用。这对于重新振兴曾是一大障碍，而这一障碍只是由于革命战争和拿破仑战争使得慢性穷困尖锐化起来才动摇了。所以，这并不象某些人为着简便起见而设想的那样是经济状况自动发生作用，而是人们自己创造着自己的历史，但他们是在制约着他们的一定环境中，是在既有的现实关系的基础上进行创造的，在这些现实关系中，尽管其他的条件——政治的和思想的——对于经济条件有很大的影响，但经济条件归根到底还是具有决定意义的，它构成一条贯穿于全部发展进程并为唯一能使我们理解这个发展进程的红线。①

唯物史观所给的是说明而不是价值。李长之把"一切都跟着经济的变动而变动"作为唯物史观的逻辑出发点，认为唯物史观既不主张绝对的善，也不强调绝对的美、绝对的真。艺术和科学的基础都建立在绝对上，按照这种逻辑，唯物史观不仅反伦理，无所谓自由意志，也无所谓道德责任；而且根绝了艺术和科学，无所谓普遍妥当性的真理，无所谓天才与一流作品。伦理学、科学、艺术是讲价值，唯物史观只是对历史条件的说明而已。

"经济决定论"或"经济唯物主义"思潮始于第二国际，主要诉诸"基础主义"和"还原论"的思维方式，机械地解读经济基础和上层建筑的关系，强调经济因素的唯一决定性。当"经济决定论"出现在中国的同时，一些学者对其展开批驳。罗良干在《唯物史观之研究及批评》一文中批评了经济决定

---

① 恩格斯：《致瓦·博尔吉乌斯》，《马克思恩格斯选集》第4卷，人民出版社1972年版，第506页。

论，并引用了恩格斯的许多论述。1890 年，恩格斯给一个学生的信里说："青年人有时候对于经济方面太注意。马克思和我对于这件事情是要负一部分责任的。我们所主张的唯物史观的原则，世人多不承认，所以我们为驳辩反对者攻击，不得不极力主张。经济以外，还有各种要素，相互之间各受影响，我们早就承认了。不过因为功夫，地方，或者机会，所以就没有提到。"另外，恩格斯曾说："照唯物史观讲来，历史中最有关系的原素，是实际生命的生产和再生产。过乎此者，马克思和我都没有说过。但是如果有人牵强附会，说经济元素是唯一的分子，他把这句话就弄成一句无意识。空虚，不近情理的话了。""假使历史中的事实，都以经济的情形来解释，不唯近于自矜博学，而且令人可学。""经济决定论"将"经济"因素作为诠释社会现实中其他一切因素的逻辑出发点，政治、道德、宗教、艺术等其他因素都被"还原"为"经济"而得以澄明。

艾伦·伍德指出："几乎从一开始，在马克思主义中就存在两种关于历史的主要理论……一直有这样的马克思主义者（当然，这并不是没有受到马克思本人的鼓励，尤其是来自恩格斯'自然辩证法'的鼓励），他们宁愿忘掉对政治经济学批判及其必须承担的各项任务，而偏好技术决定论和生产方式机械替代的单线发展论。在这种理论下，按照某种普遍的自然规律，生产力较低的生产方式总是不可避免地会被生产力更高的生产方式来替代。"① 以"经济决定论"来理解历史唯物主义的现象较为普遍，忽视马克思主义创始人艰辛的理论创建历程和理论变革的世界观意蕴，经济学说成为理解和接受历史唯物主义的出发点和落脚点。而就其后果来看，此种理解不仅严重地歪曲了历史唯物主义的本来面目，而且给实践造成了严重危害。

---

① ［加］艾伦·伍德：《民主反对资本主义》，重庆出版社 2007 年版，第 4—5 页。

第三章　以辩证法为中心的研究

20世纪30年代学术界围绕唯物辩证法展开了论争，主要包括唯物辩证法和新哲学论争。王礼锡①在《论战第二辑序幕》一文中指出："对于中国社会史的论争的解决，还在于方法论的解决。也就是唯心与唯物，机械与辩证的争论。虽然谁都以唯物自居，而时常会拘于机械的公式。谁正确地把握了这方法，问题的解决就在谁的手里。"②张东荪从正面批判唯物辩证法，认为唯物辩证法只研究了哲学的社会背景和条件，并未研究本体问题，不能称之为哲学；叶青则从反面攻击辩证法，把唯物辩证法归于科学，否定唯物辩证法的哲学进步性；张申府将现代哲学的两大思潮——"逻辑解析"与"辩证唯物"结合起来，构造"一种解析的辩证唯物论"，形成了唯物论科学主义。③"从哲学上看，张东荪属于人文主义思潮，叶青则属于

---

① 王礼锡（1901—1939），中国现代史上的爱国主义、社会活动家。
② 王礼锡：《论战第二辑序幕》，《读书杂志》1932年第2、3期。
③ 《张申府学术论文集》，齐鲁书社1985年版，第67页。

科学主义思潮。"①这次论争，基本阐明了马克思主义哲学与黑格尔哲学的本质区别，分清了唯物论与唯心论、辩证法和形而上学的原则界限，标志着马克思主义中国化有了实质性进展。

一、辩证法与进化论

在马克思主义扎根中国以前，进化论作为历史思想在社会中影响很大。严复用哲学的眼光而非科学的意义来介绍与理解进化论，这为马克思主义进入中国思想界奠定了理论基础，也让进化论与辩证法之间产生了一定的历史关联。

（一）近代以来进化论在中国的思想谱系

马克思主义之所以能在中国传播，其原因在于中国人较早在此之前已经接受了社会达尔文主义。如果说达尔文主义证明了生物进化的真理，那么，马克思主义则证明了人类进化的真理。②

---

① 李维武：《20 世纪中国哲学本体论问题》，湖南教育出版社 1991 年版，第294 页。
② ［美］杜赞奇：《从民族国家拯救历史：民族主义话语与中国现代史研究》，江苏人民出版社 2009 年版，第 101 页。

19 世纪末期，进化论信仰使得中国人认为社会主义是历史发展的趋势。梁启超在《进化论革命者颉德之学说》一文中曾介绍其重未来的观点："颉德[①]以为人也者，与他种动物同，非竞争则不能进步。……而此进化的运动，不可不牺牲个人以利社会（即人群），不可不牺牲现在以利将来。"梁启超的这种笼统而简单的理解，为当时许多思想家所共有。在这个传播过程中，中国的知识分子用进化史观来理解唯物史观。例如，马君武在《社会主义与进化论比较》一文中认为："马克司者，以唯物论解历史学之人也。马氏尝谓：阶级竞争为历史之钥。马氏之徒，遂谓是实与达尔文言物竞之旨合。""故社会主义者，不惟不与达尔文相反对，且益广其界而补其偏，虽谓达氏主义得社会主义而其义乃完，可也。"[②] 显然，马君武把马克思主义理解为唯物史观，唯物史观则是达尔文主义的补充和完善。唯物史观为中国人所接受，是近代中国进化史观向唯物史观演进的逻辑必然，十月革命一声炮响只是这一演进过程中的催化剂。1919 年，中国知识分子通过李大钊的《我的马克思主义观》，首次了解到马克思的唯物史观。1920 年，李大钊发表了题为《唯物史观在现代史学上的价值》，阐述了人类有意识的活动是具有创造力的观点。对此，有的学者提出，"马克思主义哲学在

---

① 颉德（1858—1915），英国社会学家。
② 马君武：《社会主义与进化论比较》，《译书汇编》1903 年第 11 期。

中国的早期传播，主要是唯物史观的传播"①。30多年后，在唯物辩证法论战中，雷仲坚撰写了《辩证法与进化论在历史上及在理论上之比较的研究——评胡适博士论辩证法》一文，足以说明进化论对中国人理解马克思主义产生的巨大影响。

（二）作为进化论意义上的唯物辩证法

"辩证法"一词，英文为 Dialectic，法文为 Dialectiqve，德文为 Dialectica。这一词可分为两部分：Dia 意谓"两"，Iectic 意谓"言"，合之则为"两言"，即两人辩论之意。"辩证法"一词的译文来自日本，不是十分妥当，应译为"对戢"或"错综法"。"辩"字，从"辛"从"言"，是两个有罪的人辩论，与外国的"两言"亦合。② 据考证，"辩证法"一词于 20 世纪 20 年代进入中国。然而，在 20 年代中国人所著的马克思主义文献中没有出现过，这可能与年轻的马克思主义者对辩证法思想方法的漠视有关。一直到 30 年代初，像"唯物辩证法"和"辩证唯物论"这样的词只出现在欧洲马克思主义作品的中文译文里。③ 瞿秋白

---

① 庄福龄：《中国马克思主义哲学传播史》，中国人民大学出版社 1988 年版，第 63 页。

② 萍寄：《唯物的辩证法与辩证法唯物论》，《渭潮》1930 年第 5 期。

③ ［德］李博：《汉语中的马克思主义术语的起源和作用》，赵倩等译，中国社会科学出版社 2003 年版，第 294—295 页。

认为，新唯物论是"唯物论与互辩法的综合，而且是这两种学说最发展的最进化的结论"①，又称为"互辩法唯物论"②。有留欧学术背景的贺麟，将其译为"矛盾思辨法"③，在其《〈黑格尔学述〉译序》中，明确提出反对"辩证法"的译法，主张用"矛盾"译"dialetik"④。张佛泉⑤指出："中文矛盾两字，只有两相敌对的意思，绳之以黑格尔之 dialectic，似最多能与'正''反'相比附，而毫无'合'的含意。'合'在黑格尔之 dialectic 中最重要，绝不该抛弃。并且译为矛盾法还很容易和另外逻辑上的'矛盾律'

---

① 瞿秋白：《唯物论的宇宙观概说》，《新哲学—唯物论》，原野出版社 1949年版，第 185 页。

② 瞿秋白认为，互辩法是"Dialectics"，日本文中译作"辩证法"，实在不甚确切；因为"辩证"两字和普通论理学（逻辑）无所分别，而且和互辩法原义无甚关系。互辩法的原义，本从希腊字"Dialog"——"对话"而出，意义是互相辩驳；至于互辩法一词的哲学上的意义，实在是：相反者往往相成，矛盾者有时可以互变。……所以如果义译之外，又有音译，译作"逻辑"；如今这"Dialectics"亦如此，可以音译、义译并存，音译当作"第亚力克谛"（音从普通罗马字母之音，不从音文；只英国一国读作"台亚……"，法、俄、德文均作"第亚力克谛"）。（瞿秋白：《无产阶级之哲学——唯物论》，《瞿秋白文集》第八卷，人民出版社 1998 年版，第481 页）。

③ 贺麟在《朱熹与黑格尔太极说之比较观》中说："黑格尔全系统的中坚是矛盾思辨法（dialectical method）。"载于《黑格尔哲学讲演集》，上海人民出版社1986 年版。

④ 《黑格尔哲学讲演集》，上海人民出版社 1986 年版。

⑤ 张佛泉（1907—1994），学名葆桓，河北宝坻人。20 世纪 30 年代在美国Johns Hopkins University。1934 年胡适邀请他至北京大学任教，担任政治系教授，是胡适等主办的《独立评论》的主要撰稿人之一，是中国自由主义的重要理论家。

相混淆。"①张东荪则主张译为"对演法"②，张佛泉予以支持，并
解释道："黑格尔之 dialectic method，以有 becoming 为最要。黑
格尔将 becoming 引入逻辑，是逻辑史上最大的改革，所以在译
dialectic 时，becoming 的意思绝不能忘掉。我说张东荪先生译为
对演法比较着妥洽得多，也就是这个原故"③。

在 1929 年的《新术语辞典》里，我们能找到第一次由中
国人描述的唯物辩证法的特点。其中，对"唯物辩证法"是这
样解释的：

> 黑格尔谓：思想的永久的法则，是：正——反——合；
> 现实是生于观念，故现实也是跟着这种法则而演进的。但
> 后来马克思、恩格斯和狄慈根把这种唯心的辩证法，改为
> 唯物的辩证法。马克思说：我的辩证法的研究，不仅根本
> 与黑格尔之流不同，而且和他的完全反对。在黑格尔看
> 来，在观念的名称之下而使之成为独立主体的思维过程，

----

① 张佛泉：《黑格尔之对演法与马克思之对演法》，载于中国科学院哲学研
究所资料室编的《资产阶级学术思想批判参考资料》第九集，商务印书馆 1961
年版。

② 张东荪在《辩证法的各种问题》《动的逻辑是可能的么?》等文章中都集
中论述到。1931 年，在其《西洋哲学史 ABC》一书中，讲到黑格尔时，认为："他
这种法则则是所谓'对演法'(dialectic 旧译辩证法系袭取日本人，实在完全不通)。"

③ 张佛泉：《黑格尔之对演法与马克思之对演法》，载于中国科学院哲学研
究所资料室编的《资产阶级学术思想批判参考资料》第九集，商务印书馆 1961
年版。

是现实世界的创造者，所以，他说一切现实，都不过是思维过程底外在的现象；但是，反之，在我的立场却以为观念世界不过是在人的头脑里改造和翻译了的物质世界。在黑格尔，辩证法是倒立着；但是我们却因为要发现这种神秘的外衣包着的合理的核心，所以非将辩证法掉转头来不可。①

郭湛波（1905—1990），原名郭海清，字湛波，河北大名人。现代中国重要思想史家。因着有《近五十年中国思想史》而为人所知。

辩证法是一种辩证的思想方法。原来（Dialectic）这个字，不是我们现在所谓辩证法的意义，原来是一种辩论方法。如一个 X 问题，甲主张是 A，乙主张非 A，丙综合甲乙的意见，主张 C，这种方法，就是 Dialectic，是希腊古代的辩论方法。辩证法起源古代希腊，亚里士多德说齐诺（Zeno）为辩证法之创始者，其实在赫拉颉利图斯（Heraclitus）辩证法就开始了。起源虽早，到柏拉图（Plato）始确立所谓辩证法。辩证法从柏拉图到康德

---

① 吴念慈、柯柏年、王慎名：《新术语词典》，上海南强书局 1932 年版，第 115—116 页。

（Kant）都没有大的进展，到黑智儿，始完成辩证法的体系，成了精密的思维方法，不过黑智儿的辩证法是观念的。到了马克斯（K.Marx）、恩格斯（F.Engles）手里，始成了唯物的辩证法。①

辩证法的逻辑出发点是什么？

辩证法的根本假定是什么？就是"万物是普遍的，不断的变化"……这种"万物普遍的，不断的变化"法则，不是近代才发明，古代就有这种思想；如希腊古代赫拉颉利图斯说"万物流动不居"，又用比喻来说"人不能再渡同一的河流"……如老子说"希言自然，飘风不终朝，骤雨不终日"。孔子说："逝者如斯夫，不舍昼夜！"②

辩证法的根本假定是"动"，它的方法是：

对立融合法则：这个法则，是辩证法第一个主要命题，又名谓"事物对极的统一法则"。对立融合的法则是说一切事物、一切现象、一切观念，都是同一的，同样又是绝

---

① 郭湛波：《中国辩证学的进展及其趋势》，《百科杂志》1932 年创刊号。
② 郭湛波：《辩证法研究》，景山书社 1930 年版，第 9 页。

> 对各自区分着，对立着……否定之否定的法则：这个法则，
> 是辩证法第二个主要命题，又名谓"对立中发展的法则"。
> 换言之，就是从旧东西产出新东西的法则……质变量，量
> 变质的法则：是辩证法最后的一个重要法则……①

在张东荪看来，马克思继承黑格尔，所以马克思的辩证法亦不是方法而只是历程或行历。不过黑格尔的行历绝对没有时间的成分包含在内，而马克思既用于人类历史与社会进化则当然不能不含有几分时间性。这便是马克思误解黑格尔的所在了，亦可以说马克思把黑格尔的原意改坏了。张东荪分析说：

> 若谓黑格尔与马克思都是把辩证法认为是一个方法
> 而同时又是一个行历。须知这个辩护是不通的。因为方法
> 是主观自定的规则而施用于客观。行历是自然的事实而
> 映射于主观。照马克思的唯物论来说，当然不能是主观
> 立法。如果是外界的事实而映入主观，则便是以行历为
> 主。所以依然有分别。绝不能说同时是方法。因为照这样
> 说，显见方法是由事实而来的。可知兼而有之说仍是有
> 问题。②

---

① 郭湛波：《辩证法研究》，景山书社 1930 年版，第 17 页。
② 张东荪：《辩证法的各种问题》，《再生》1932 年第 1 卷第 5 期。

在张东荪看来，辩证的行历是否与进化相同，照黑格尔说，辩证的行历既是无时间成分在内，当然绝对不是进化，但是马克思于此又曲解了。马克思主义者总喜欢求助于达尔文的进化论，论劳动与生活的关系亦要借助进化论，论道德观念的变迁亦要借重于进化论。……黑格尔的正反合是空前与绝后的。于是我们可知有辩证即无进化，有进化即无辩证。

张东荪接着追问，辩证的现象是否普遍的？黑格尔的意思当然认为宇宙的一切都是忠于辩证的程式。不过他却有一个前提：就是他认为"思"与"有"是一而非二。换言之，他以为心与物是一而非二。既然思想与存在（即实有）是一，则思想的法则与实有的法则当然亦是一了。其实须知仍是以思想的法则来代表"存在"的法则。因为一切实有必与思想俱存。所以黑格尔的辩证法不免有偏于思想的程式嫌疑。

试问正之后有反，是否以正为因而以反为果呢？按照黑格尔的讲法是以正反合为一套，所以正反合三者同时存在，而不是反在正之后，正在反之前。马克思与之相反，从其历史定命论（即唯物史观）来说，确是以经济条件来决定社会此后的变化。所以在马克思看来，在正反合之间有前后可言。关于这一意义和上述的时间性是一样的。黑格尔是以辩证为行历；而马克思是辩证无名而因果律无实。

倘使照马克思主义者那样到处都可用辩证法来观察，以为天下万物没有不具"内在的矛盾"，一切物的成立都是由于

有相反者相争而始生，则我们敢问：辩证法自身是不是亦具有
"内在的矛盾"，亦是由于有相反者相争而始生。倘使辩证法不
如此，则世界至少使有一个东西是不含有内的矛盾了。则世界
上至少有这个辩证法是不由相反而相成的。在这里，辩证法被
理解为一种先天范畴，而范畴是自在自为，并无矛盾可言。张
东荪按照形式逻辑的思路质疑马克思主义者关于辩证法的运
用，显然陷入了西方近代哲学思维方式的窠臼。

张东荪关于对唯物辩证法的理解不是个案，施友忠、魏嗣
銮等学者也持类似的观点。施友忠（1902—2001），福建福州
人。1926 年入北平燕京大学哲学系研究院，师事冯友兰、黄
子通。三年后，赴河南大学，教授英文及英国文学。1934 年，
继任教浙江大学。1939 年获美国洛杉矶南加州哲学博士，得
金锁匙奖。回国任教云南大理民族文化书院。1942 年任教四
川成都燕京。1945 年任教西雅图华盛顿大学迄 1973 年退休。
施友忠是唯心论的代表人物，曾出版一册《形而上学序论》，
又名《说心》（金陵大学出版，1943 年）。施友忠站在唯心论
的立场上，曾撰写《唯物史观分析及批评》一文。施友忠指出：
"马氏唯物史观虽非唯物论，而其所用之语词，则导源于此；
且马氏有意无意之中，亦依科学唯物论为根据。至于史观，则
当推源于黑格尔；但马氏所重著为社会中物质条件之嬗变。是
又达尔文学说之应用于社会者也。马氏以进化论原理说明社会
之流动不尽，以黑格尔之对演法释社会进化所经之阶段，不知

二者之格格不相入也。"①在施友忠看来，所谓的物质，是人心的执见，即便从科学意义上来理解，也不过是各种仪器所得的数据，而仪器为人所制造，是对自然的解释而已。关于马克思以进化论原理说明社会流动不居，施友忠也提出了批评。从科学的角度而言，所谓的"动"只是一些数据，背后皆是有意识的人操作，实为不动。马克思所讲的"动"，如果是科学意义上的"动"，则无法解释社会的进化，其实质还是不动；如果是意识决定的"动"，则决定者是意识而非物质。

不难发现，知识分子是站在形而上学的立场，用先天的范畴理解唯物辩证法，而涉及的科学也被统摄到先天范畴中来。

（三）进化论与辩证法不相容

胡适认为辩证唯物主义与进化论不相容，提出了批评意见：

> 从前xxx先生曾说实验主义和辩证法的唯物史观是近代两个最重要的思想，他希望这两种方法能合作一条

---

① 施友忠：《唯物史观分析及批评》，载《唯物辩证法论战》下卷，第31—32页。

联合战线，这个希望是错误的。辩证法出于海格尔的哲学，是生物进化论成立以前的玄学方法。实验主义是生物进化论出世以后的科学方法。这两种方法所以根本不相容，只是因为中间隔了一层达尔文主义。达尔文的生物演化学说，给了我们一个大教训，就是教我们明瞭生物进化，无论是自然的演变，或是人为的选择，都由于一点一滴的变异，所以是一种很复杂的现象，决没有一个简单的目的地可以一步跳到，更不会有一步跳到之后，可以一成不变。辩证法的哲学本来也是生物学发达以前的一种进化理论；依他本身的理论，这个一正一反相毁相成的阶级应该永远不断的呈现。但狭义的 xx 主义者却似乎忘了这个原则，所以武断的虚悬一个共产共有的理想境界，以为可以用阶级斗争的方法一蹴即到，既到之后又可以用一阶级专政方法把持不变，这样化复杂为简单，这样的根本否定演变的继续，便是十足的达尔文以前的武断思想，比那顽固的海格尔更顽固了。①

在胡适看来，辩证唯物主义的"非科学的"进化过程概念，它对于前达尔文动力学说的依赖，以及它认为在一个给定的点上——即无产阶级革命胜利之后无休止的辩证运动便会得到控

---

① 胡适：《介绍我自己的思想》，《新月》1930 年第 3 卷第 4 期。

制的信念，这三点使得辩证唯物主义失去了效力。① 雷仲坚对此提出批评，"辩证法与进化论，是从一个共同的出发点的出发——即动的宇宙观。辩证法乃建立于动的宇宙观之上的科学思维方法；进化论——狭义的——乃建立于动的宇宙观之上的解释生物进化的一种特殊的科学。前者研究事物都在动的、活的、生长衰亡的发展过程中，而非在静的、死的、固定不变的孤立状态中"②。

进化论只能给出革命在前进方向上的支持，而不能给中国式革命观念以全面而彻底的正当论证，更不能推出必须以革命作为人生观。"一旦革命的论证基础由进化论变为辩证唯物论，彻底激烈变革之'革命'就符合宇宙普遍规律，成为新天道。这时，以革命的名义可以整合各种新道德，并将其建立在普遍法则的演化之上。革命人生观一旦从科学推出，原来无法和现代常识理性整合的由逆反价值所代表的新道德就获得了史无前例的正当性，实行革命即是要求每个人践履新道德、建构理想社会。"③

在伍启元看来，胡适是站在学术的立场上批判辩证法的

---

① ［美］格里德：《胡适与中国的文艺复兴——中国革命中的自由主义(1917—1937)》，鲁奇译，江苏人民出版社2010年版，第177页。

② 雷仲坚：《辩证法与进化论在历史上及在理论上之比较的研究——评胡适博士论辩证法》，《新社会杂志》1931年第1卷第2期。

③ 金观涛、刘青峰：《观念史研究：中国现代重要政治术语的形成》，法律出版社2009年版，第393页。

唯物论，这个立场是实验主义，有其合理性，也有其偏颇的地方。"辩证法的唯心论没有错是玄学方法，但唯物辩证法是生物进化论成立以后的科学方法，这是不能否认的事。胡氏不赞成辩证法的唯物论是可以的，但因此便说它不是科学方法便属于谬误。但他反对持唯物论的人的结论——在这对立，互斗，进展的程序的不穷地演化中，我们可以有自觉的目的，飞跃到一个自由的世界，不再对立着的世界——是对的，这实在是唯物史观的一大缺点。"①

二、作为一种思想方法的唯物辩证法

五四以后，马克思主义渐渐输入中国，经过国民革命的怒潮，到了1928年以后，社会主义的学说，差不多成为一时风尚。这一时期，朱镜我、彭康、李初梨、冯乃超等"新锐的斗士"陆续从日本回国，先后创办《文化批判》《流沙》《思想》等刊物，主张"以清醒的唯物辩证法的意识，划出了一个'文化批判'的时期"，使唯物辩证法"成为了中国思想界的主流"。② 社会主义的思想是以辩证法为根本方法，辩证法

---

① 伍启元：《自五四运动后吾国学术思想之蜕变（续三）》，《青年进步》1932年第150期。

② 《郭沫若全集·文学编》第16卷，人民文学出版社1989年版，第101页。

与逻辑的根本观念是不同的。因为西方的社会主义学者对于逻辑曾经有过严厉的批判，于是社会主义输入中国之后，中国的思想界随之发生辩证法与逻辑的论争。起初中国主张辩证法的人把逻辑概以形式逻辑看待，把由逻辑所构成的思想统加以"机械论"的名目，而反对辩证法的人则骂辩证法为"吵闹的方法"与"诡辩的技术"。①"许多人攻击辩证法的唯物论，完全是站在政治的立场，有些更没有认清楚辩证法的唯物论是什么，便瞎去谈辩证法，这都是错误的。辩证法的唯物论是一种思想的方法，完全和政治没有关系的。辩证法的唯物论本身对不对是另一个问题；但因为政治的原故来反对它便大失学术的宗旨了。"②

（一）形而上学意义上的唯物辩证法

近代唯心主义哲学特征就是对世界的认知、把握建立在作为"主体"的"自我"的基础上，从这个"自我"出发建构认识论和实践哲学。牟宗三（1909—1995）对于马克思主义的研究主要见于 20 世纪 30 年代发表的一系列文章之中，主

---

①　陈高傭：《中国思想史上的方法论争——从中国过去的思想方法论争说到中国本位文化讨论中的思想方法问题》，《文化建设》1936 年第 1 卷第 10 期。

②　伍启元：《自五四运动后吾国学术思想之蜕变（续三）》，《青年进步》1932 年第 150 期。

要有：1931 年 9 月 7、8 日刊登于《北平晨报》第 162、163 期
的《辩证法是真理吗?》，1933 年 11 月《哲学评论》第 5 卷第
2 期发表了《矛盾与类型说》，1934 年 8 月北平民友书局出版
的张东荪主编的《唯物辩证法论战》上卷中发表了《逻辑与辩
证逻辑》和《辩证唯物论的制限》两篇文章，1933 年 3 月 20
日发表于《再生》半月刊的《社会根本原则之确立》的前五部
分，也被收入《唯物辩证法论战》下卷中改名为《唯物史观与
经济结构》。贺麟曾把牟宗三作为中国唯心论的代表人物之一，
"趋向于唯心论，然而总想与新实在论调和。一面注重康德的
理性批导，一面又想辅之以怀特海的宇宙论，使康德更走向客
观化，大概是牟宗三先生所取的途径"[1]。牟宗三对马克思主义
的研究，主要不是从马克思恩格斯的文本出发，而是建立在对
河上肇、陈启修的批判之上。例如，牟宗三对唯物辩证法的研
究，其文献材料源于陈启修的《社会科学方法论》的十大范畴。
从马克思主义在中国传播的历史过程来看，唯物史观是先于唯
物辩证法的[2]。

　　在牟宗三看来，要对唯物辩证法进行定位，首先应对辩

---

[1] 　贺麟:《五十年来的中国哲学》，上海人民出版社 2012 年版，第 73 页。
[2] 　"针对辩证唯物主义关于先有自然观上的唯物主义、后有社会历史观上的
唯物主义，社会历史观方面的唯物主义是自然观方面的唯物主义的逻辑推广这样
的看法，实践唯物主义坚持社会历史观方面的唯物主义对于自然观方面的唯物主
义的优先性。"(刘森林:《历史唯物主义:现代性的多层反思》，中山大学出版社
2016 年版，第 5 页。)

证法予以定位。关于辩证法，他从方法与元学两个方面予以讨论。在《逻辑与辩证逻辑》一文中，牟宗三认为，"辩证法不能成一个逻辑与普通所谓形式论理相对抗，它也不能成一个特殊方法而与普通所谓科学方法相对抗，它也更不能有如陈启修先生所谓克服了形式伦理的情形"①。

什么是元学？牟宗三解释说："元学乃是一门有特殊性质的学问。元学包含两部分：（ⅰ）本体论（ontology）；（ⅱ）宇宙论（cosmology）。前者讨论宇宙的根本存在或最后的实际存在的材料；后者讨论这些最后的实在之关系结构及其发展。这两方面的结合即是一部元学。所以元学即是居在超然的地位而客观摹状或解剖宇宙一切现象的学问。"② 在牟宗三看来，"辩证唯物论最起劲的地方就是元学中的宇宙论一支所以即便名之为宇宙论上的宇宙理论亦无不可"。③ 因此，牟宗三把马克思主义称之为"元学上的唯物论"（Metaphysical Materialism）及认识论上的唯物论（Epistemological Materialism）。

依牟宗三之见，尽管唯物辩证法包罗万象，但只有宇宙论值得一提。关于唯物辩证法宇宙论讲得最完备最有系统的是

---

①　牟宗三：《辩证唯物论的制限》，《唯物辩证法论战》，民友书局 1934 年版，第 119 页。

②　牟宗三：《辩证唯物论的制限》，《唯物辩证法论战》，民友书局 1934 年版，第 122 页。

③　牟宗三：《辩证唯物论的制限》，《唯物辩证法论战》，民友书局 1934 年版，第 122 页。

陈启修，然而陈启修把唯物辩证法的内容当作认识的具体方法论，而不是宇宙论。陈启修从两个方面来立论：一是实际认识上的具体原则；二是实际上的具体范畴。关于具体原则，陈启修列了十个方面的内容：

（1）质的认识；

（2）量的认识；

（3）质量的推移；

（4）要认识事象内部的根本矛盾；

（5）要认识各种对立的相互浸透性或同一性；

（6）要找出根本矛盾中之主导的方面；

（7）要把握全发展过程上自始至终全体的矛盾运动；

（8）要时时刻刻预期并发见新的东西的发生；

（9）要找出各种相关的发展过程的相互浸透性，即要找出外因；

（10）要在旧的种种矛盾当中找出新事象的出发点。

在牟宗三看来，这十个原则仍不过是唯物辩证法三个原则之展开：（1）（2）（3）可以归并于"质量互变"的原则；（4）（5）（6）可以归并于"对立物之统一"原则；（7）（8）（9）（10）可以归并于"否定之否定"原则。

关于具体范畴方面，陈启修列出八对：（1）本质与现象；

（2）内容与形式；（3）相互作用与因果关系；（4）根据和条件；（5）可能性与现实性；（6）偶然性与必然性；（7）自由及必然；（8）链与环。在牟宗三看来，这些范畴的列举没有固定性，可以随便增减，基本是哲学上常见且已经解决的问题，辩证论者对此没有新的创新。因此，牟宗三对唯物辩证法的讨论集中于辩证法三原则以及由此引申出的两个根本要义：一是奥伏赫变①的精神，二是正反合的辩证形式，这五个方面构成了宇宙论的辩证唯物论或唯物辩证论的内容。对于这五个方面的理解，涉及马克思与黑格尔之间的关系。牟宗三对黑格尔的辩证法有着自己的理解：一是黑格尔辩证法与黑格尔系统拆不开；二是黑格尔辩证法不能颠倒，它也无所谓脚朝上头朝下；三是辩证法无所谓颠倒，只是不同方面的应用；四是不同方面的应用只是形式上的一切空壳，完全失掉了它本身的意义。据此，牟宗三提出了对于唯物辩证法的看法：

（i）按照马克司的唯物论按照黑格尔的辩证法，则辩证法与唯物论格格不相融，换言之，据守着黑格尔的辩证意义来解析马克司的唯物世界是错的是与事实不符的，

---

① "奥伏赫变"是德语"Aufheben"在民国时期的音译，后来逐渐大都采用了"扬弃"的译名。无论是"奥伏赫变"还是"正、反、合"，都是直接袭用黑格尔的概念。

那就是说不能用。

（ii）如果不按照黑格尔的意义而只取其形式，则唯物辩证论的内容完全投降了另一种东西而不成其为辩证法，同时，辩证形式也只成了一个空殼，你的应用也不过只是习惯上的一个应用而已，完全是一种无多大意义的举动。①

在这里，牟宗三是比较认同张东荪《动的逻辑是可能的么?》一文中的观点，据此批判了唯物辩证论的观点。关于"质量互变"，牟宗三认为，"此原则即是摹状世界上一切东西由质的变化或不同，可以引起量的变化；由量的增减可以引起质的变化"②。然而，如果把辩证法局限在科学理论这个层次，显然是对黑格尔辩证法的背叛：

这种浅显的事实谁不承认，物理学之解析声色早已证明了，达尔文的进化论、穆耿的层创进化论也都在证明这事实；吾人不能反对；但承认了这个就算有了一个动的逻辑吗？这就是辩证法吗？吾看大可不必！如果这就是辩

---

① 牟宗三：《辩证唯物论的制限》，《唯物辩证法论战》，民友书局 1934 年版，第 126 页。

② 牟宗三：《辩证唯物论的制限》，《唯物辩证法论战》，民友书局 1934 年版，第 127 页。

证法则无怪世界上辩证法之多也，亦无怪辩证论者之振振
有辞了！①

关于"对立统一"，牟宗三的理解是，这个原则是摹状世
界上一切东西之分裂结合而向前发展的，早已为物理学生物学
等科学说明，也不是辩证法。关于"否定之否定"，牟宗三认
为，"这原则据辩证论者说是说明一切事物之内部的前后关联
与发展之联系的"。虽出自黑格尔，但其意义已发生改变。在
牟宗三看来，唯物辩证法的"否定之否定"其实只是表示事物
之间的因果关系，可以称之为"因果链子"。黑格尔"否定之
否定"，是一种辩证过程，而不是因果律：

> 他（黑格尔）的三分法举尽了一切，到了第二个否
> 定时就是一个大圆满大完成；所以否定之否定就是一个始
> 终，就是一个奥伏赫变就是自己超度、自己圆满。所以，
> 张东荪先生说它是一个系统，而不是事实之进化，这完全
> 是对的，即便是进化，也不是达尔文生物学上的进化，这
> 已经是有口皆碑的了。②

---

① 牟宗三：《辩证唯物论的制限》，《唯物辩证法论战》，民友书局 1934 年版，
第 127 页。

② 牟宗三：《辩证唯物论的制限》，《唯物辩证法论战》，民友书局 1934 年版，
第 128—129 页。

关于"奥伏赫变",依牟宗三之见,其实质就是"变"。然而,变也是有层次之分:具体事实的变迁流转、进化发展;逻辑层次上的推演、解说上的先后;人格上的不占时空的自己超度、自己圆满、自己实现、自己成为无限成为绝对。在牟宗三看来,唯物辩证法即是第一个层次——进化论,"变是具体事实的,是物质的,因而也就是有时空的,所以也就不是辩证的,也就不能说否定之否定"①;而黑格尔的辩证法是后两个层次,二者的差别是物质与理念的差别。

至于黑格尔的"正反合"与唯物辩证者所持的"正反合",牟宗三有如此的对比分析:

黑格尔的正反合只是没有时间历程的一个静的不动,他不是今天有个正,明天有个反,后天再有个合,他是一下子都生起,执持正与反都是有限,必须圆融而消解之以成为无限,所以他每一正反合是一套或一系统,而每一正反合又各有其正反合,各成其一套一系统。这是我们已说得许多次了的道理,而在黑格尔的逻辑中又无一页不表示着这种精神。

反过来,我们再看唯物辩证论者的正反合。这个正

---

① 牟宗三:《辩证唯物论的制限》,《唯物辩证法论战》,民友书局1934年版,第131页。

反合其实只是一个形式的应用意义，早失掉了。例如以原始共产社会为正，而以资本主义为反，以将来的社会主义为合，这种以社会进展的阶段来表示正反合，这实在无意义。……正反合之形式在唯物辩证论者手里早成具文了，其骨子里完全不是辩证法的精神了，与我们所谓关系结构层创因果殊无二致。①

显然，牟宗三始终站在形而上学的立场，把唯物辩证法理解为一种先天的范畴运用于事实。对此，马克思曾鲜明指出叙述方法与研究方法是有着区分的，马克思的唯物辩证法不是先天给予的，而是在叙述的过程中，展现出的一种逻辑。马克思说："当然，在形式上，叙述方法必须与研究方法不同。研究必须充分地占有材料，分析它的各种发展形式，探寻这些形式的内在联系。只有这项工作完成以后，现实的运动才能适当地叙述出来。这点一旦做到，材料的生命一旦在观念上反映出来，呈现在我们面前的就好像是一个先验的结构了。"②

最后，牟宗三对于唯物辩证法的批判总结为以下几点："（i）它不能克服形式论理，它们完全是两回事；（ii）它不

① 牟宗三：《辩证唯物论的制限》，《唯物辩证法论战》，民友书局 1934 年版，第 132 页。

② 马克思：《资本论》，《马克思恩格斯文集》第 5 卷，人民出版社 2009 年版，第 21—22 页。

能自成一个逻辑而代替或可克服形式论理；（ⅲ）它不能成一个特殊方法，它也不能反对了科学方法；（ⅳ）它是解析世界的一套元学理论；（ⅴ）它这套理论只取了黑格尔的辩证形式作外衣，而骨子里则完全不是辩证的意义，辩证法只是一个空壳。"①

后来在 20 世纪 50 年代，牟宗三又发表过《论黑格尔的辩证法》一文，并在 1955 年出版的《理则学》中专列一章《辩证法》作为该书附录，对唯物辩证法予以彻底否定：

> 若把精神的提撕，发自道德心灵的理性、理想、正义抽掉了，而把社会现象视作外在的、平铺的物质现象，则既不可说无穷的发展，亦不可说辩证的发展。马克思把社会现象推出去视为外在的、平铺的，而平面地以观其关联变动，妄施比附，名曰"唯物辩证法"，世人不察，不明所以，亦顺其"平面地以观外在事象之关联与变动"之方式而言辩证，其为无谓之废辞自甚显然。故"唯物辩证法"一词决不可通。②

其实一些文章批评马克思主义哲学的惯用伎俩，就是把马

①　牟宗三：《辩证唯物论的制限》，《唯物辩证法论战》，民友书局 1934 年版，第 133 页。

②　牟宗三：《理则学》，江苏教育出版社 2006 年版，第 241 页。

克思主义哲学与黑格尔哲学混为一谈，认为唯物辩证法没有什么新意。正是因为如此，在和黑格尔辩证法的关系问题上，马克思曾指出："我的辩证方法，从根本上来说，不仅和黑格尔的辩证方法不同，而且和它截然相反。在黑格尔看来，思维过程，即他称为观念而甚至是把它转化为独立主体的思维过程，是现实事物的创造主，而现实事物只是思维过程的外部表现。我的看法则相反，观念的东西不外是移入人的头脑并在人脑中改造过的物质的东西而已。"①

范寿康（1896—1983），字允藏，浙江省上虞县人，是中国著名教育家、哲学家。早在 1921 年，就在《东方杂志》上发表了《马克思的唯物史观》一文，以分段注释马克思《〈政治经济学批判〉序言》的形式，对马克思的唯物史观进行了层层深入的讲解。1933 年，范寿康发表了《哲学的两个基本方向——观念论与唯物论》一文，从西方近代哲学史出发考察了观念论（唯心论）与唯物论两个不同方向的发展。在唯物论方向上，他着重考察了 18 世纪法国的唯物论与费尔巴哈的唯物论之间的演进。通过考察，上述二种唯物论有着自身极大的缺点——他们都是形而上学者。所谓形而上学，是把自然及社会里面的必然的发展加以否定，而把一切事物在普遍的互相关联之外加以观察的那种见解。他说：

---

① 《马克思恩格斯选集》第 2 卷，人民出版社 1995 年版，第 111—112 页。

这些唯物论者既把自然看做固定不变的物质的总体，所以他们仍不免为形而上学者。他们固然主张物质都在运动，可是他们所谓运动是不会引起物质的质的变化的。在于他们，一切物质都由最小的原子所构成，原子永远在于运动之中，但是在于运动之中新的东西却永不会产生。与过去一样，在于现在，原子不过在空间中变换位置重新结合罢了。我们所观察到的一切变化都是表面的并且是非本质的变换，对于自然的那种永久不易的本质是丝毫不能加以变动的。这些唯物论者于研究由一物产生他物时又不注意二者的关联。他们把世界看做孤立的，固定不变的物质之机械的总和。这样，他们的见解是机械的，又是非辩证法的。这就是他们重大的错误了。①

在《哲学通论》一书中，范寿康对唯物辩证法作了更详细的阐述，指出："现今所谓唯物辩证法乃系对于自然、历史及思惟，探求普遍的关系的方法。这种方法反对对于事物加以个别的观察，并反对将事物在固定不变的关系上加以观察。这种方法主张把事物在最普遍的关系上，在相互依存的关系上，在发展上，加以观察。这种辩证法成立的根据有三：（一）由于

_____

① 范寿康：《哲学的两个基本方向——观念论与唯物论》，《国立武汉大学文哲季刊》1933 年第 3 卷第 1 号。

自然的观察，（二）由于人类历史的检讨，（三）由于人类思惟的研究。"①

　　随着论战的不断深入，关于辩证法的著作丰富起来，如朱明的《唯物辩证法入门》、张心如的《无产阶级底哲学》和《辩证法学说概论》、郭湛波的《辩证法研究》、卢舜昂的《马克思主义世界观——唯物辩证法》、温健公的《现代哲学概论》、李衡之的《辩证法之理论的研究》、陈唯实的《通俗辩证法讲话》和《新哲学体系讲话》、艾思奇的《二十二年来之中国哲学思潮》和《哲学讲话》、沈志远的《现代哲学的基本问题》等。

（二）逻辑学意义上的唯物辩证法

　　恩格斯曾指出："这种历史观结束了历史领域内的哲学，正如辩证的自然观使一切自然哲学都成为不必要的和不可能的一样。现在无论在哪一方面，都不再是要从头脑中想出联系，而是要从事实中发现这种联系了。这样，对于已经从自然界和历史中被驱赶出去的学说来说，要是还留下什么的话，那就只留下一个纯粹思想的领域，关于思维过程本身的规律的学说，即逻辑和辩证法。"② 自然，逻辑与辩证法对 20

---

① 范寿康：《哲学通论》，中华书局 1935 年版，第 19—20 页。
② 恩格斯：《路德维希·费尔巴哈和德国古典哲学的终结》，《马克思恩格斯选集》第四卷，人民出版社 1972 年版，第 253 页。

世纪的中国思想界也有着不可忽视的影响，也成为现代中国知识分子所必须面对的问题之一。30 年代陈高傭① 在评述中国思想文化发展的脉络时认为："东西文化讨论中的'理智与直觉'问题，人生观论争中的'玄学与科学'问题，都是由逻辑输入以后发生的思想方法论争，即可说都是以逻辑为中心而引起的方法论争。"② 这种方法论争实际上反映出现代中国知识分子对于西方思想文化的一种比较、选择，对于知识分子的思想深意只有放在中西文化互动的背景下才能看得比较清楚。

关于辩证法与逻辑的关系，陈高傭是这样分析的：

辩证法与逻辑是根本不同的，而在作用上却是相互为用的。辩证法固然是"自然人类社会及思维的一般运动及发展法则"。但我们若就运动过程中的某一阶段而研究认识，则我们势不得不就这一阶段各种事实加以演绎与归纳，分析与综合，统计与比较。例如我们要研究资本主义社会，固然根本须要先用辩证法把社会的发展史有所认

---

① 陈高傭（1902—1976），山西平遥人，上海国立暨南大学（现华东师范大学）文学院史地系教授，兼任复旦大学、大夏大学、上海政法学院、沪江大学等校教授。

② 陈高傭：《中国思想史上的方法论争——从中国过去的思想方法论争说到中国本位文化讨论中的思想方法问题》，《文化建设》1935 年第 1 卷第 10 期。

识，然又必须就资本主义社会中的各种事实加以演绎与归纳，分析与综合，统计与比较，然后可以明白。……根本不了解辩证法固然是不明瞭一切的运动与发展，不运用逻辑方法，亦虽得到调理知识，所以我们批判逻辑者乃是把逻辑的权威加以限制，并非完全要把逻辑毁灭。①

20 世纪 30 年代苏联官方的马克思主义哲学，受米丁流派影响很大，给唯物辩证法规定了三个主要规律。其中，"对立统一的学说"源于列宁的哲学笔记；量变到质变的法则以及否定之否定法则，出自恩格斯的《反杜林论》和《自然辩证法》两书。恩格斯指出："我们的主观的思维和客观的世界服从于同样的规律，因而两者在自己的结果中不能互相矛盾，而必须彼此一致，这个事实绝对地统治着我们的整个理论思维。它是我们的理论思维的不自觉的和无条件的前提。"②"辩证法直到现在还只被亚里士多德和黑格尔这两个思想家比较精密地研究过。然而恰好辩证法对今天的自然科学来说是最重要的思维形式，因为只有它才能为自然界中所发生的发展过程，为自然界中的普遍联系，为从一个研究领域到另一个研究领域的过渡提供类比，并从而提供说明方法。"③

---

① 陈高傭：《思想与方法》，《申报月刊》1933 年第 1 期。

② 《马克思恩格斯选集》第 3 卷，人民出版社 1972 年版，第 564 页。

③ 《马克思恩格斯选集》第 3 卷，人民出版社 1972 年版，第 466 页。

对于唯物辩证法，大多数知识分子持批评态度，其主要代表作有吴恩裕的《形式逻辑与马克思主义方法论》、孙道升的《辩证法本身是辩证的么》、牟宗三的《逻辑与辩证法》、张东荪的《唯物辩证法总检讨》等。

据郭湛波的考证，对辩证法的批评，第一个就算胡适。胡适说：

> 从前陈独秀先生曾说实验主义和辩证法的唯物史观是近代两个最重要的思想方法，他希望这两种方法能合作一条联合战线，这个希望是错误的。辩证法出于海格尔的哲学，是生物进化论成立以前玄学方法，实验主义是生物进化论出世以后的科学方法，这两种方法所以根本不相容，只是因为中间隔了一层达尔文主义。①

反对辩证法的学者以张东荪为代表，他在《动的逻辑是可能的吗?》一文中提出五个问题：

> 一是辩证法能代替逻辑吗?
>
> 二是辩证法可以补逻辑的不足么?
>
> 三是辩证法是另外一种逻辑么?

---

① 《胡适文选》，北方文艺出版社 2013 年版，第 3 页。

四是辩证法与逻辑是并行不悖的么?

五是辩证法与逻辑在性质上是绝对相同或不相同么? ①

经过分析, 张东荪认为:

须知寻常逻辑是"理智"(Intellect)的作用, 并是其唯一的作用。我们如不走理智这一条路, 当然又当别论。所以法国的伯格森以为理智不能对付动, 而主张用"直觉"。他的话亦不错, 须知理智对付是从外面去观察, 把动分析为无数的不动的"微屑", 然后再把这些"微屑"并起来以再造动。理智所见的动是经过拆散了以后而再拼合成功的动。伯格森因为如此, 遂轻视理智, 罗素却正因为此而大陈赞理智。我的意思是和罗素相同; 以为理智而能把动拆散了再拼合, 便是理智的大成功。因为理智本来不宜于对付, 而居然对付到这样, 显然是成功了。虽然理智所窥见的动是动之再造, 但我们所要知道的只是科学的对象的"现象", 而不是形而上学的对象的"本体", 则我们便无必要对于那个原来的动再去探索。所以我们除非走直觉的路, 从内部去体会动, 把自身与动合而为一以外,

---

① 张东荪:《动的逻辑是可能的吗?》,《新中华》1933 年 1 卷第 18 期。

实在没有另走一条路的必要。①

在张东荪看来，辩证法并未见得能对付动的事实，因为事实是不限于正反合的程式；即使有之，而正与反之间、反与合之间，其相距至不一律，又安能一律对付之呢？关于辩证法与逻辑的讨论，张东荪出版了《唯物辩证法论战》一书，专门收集了反对辩证法的论著。

特别是在 1931 年至 1933 年间，中国哲学界对流传较广的布哈林的辩证法予以全面的清算。慕鸥在《唯物辩证的思维方法》一文中对唯物辩证法提出了自己的观点："至今，在中国社会科学界中，唯物辩证法这个名词，是非常熟悉了，但大家所认识到的不是唯物辩证法，而是布哈林底机械均衡论，至多也只是德波林底形式主义辩证法。"②在慕鸥看来，唯物辩证法的实质在于把握了宇宙现象的对立统一这个基本规律，而布哈林的"均衡论"却没有把握到这一基本规律：

> 他把辩证法中并不重要只是说明发展过程的"正，反，合"这个法则，机械地公开了，说宇宙现象的发展变化，是经历均衡，均衡底破坏，均衡再建这三个阶段。这还不

---

① 张东荪：《动的逻辑是可能的吗?》，《新中华》1933 年第 1 卷第 18 期。
② 慕鸥：《唯物辩证的思维方法》，《研究》1932 年第 1 期。

打紧，重要的是他对这三个阶段底说明。他说，在事物底两个对立的构成部分，势均力敌的时候，就形成这事物的静止而呈现均衡的形态；等到其中一个对立物底力量强于或弱于其他一个时，就要把均衡的局面冲破，而现出动摇的形态；再往前发展，到两个对立的构成部份重复势均力敌为止，那时才得宁静。这就是均衡底再建。①

慕鸥批判了布哈林"均衡论"：

这种说明底错误，主要就在于他把两个构成部分机械地分开，只看见它们底对立，没有看到它们底统一，就把它们看做互相"外在"的东西，没有看到它们底相互关系和相互作用。他把人和自然，生产力和生产关系机械地对立起来，而以自然为决定人的一种外力（外于人），生产力为推动生产关系（外于生产关系）；而不知道它们是相互作用着。一方面人作于自然，另一方面自然作用于人，生产力作用于生产关系，生产关系也作用于生产力。前者的相互作用就形成人类底生产过程，后一相互作用就形成社会底进化（渐变）。生产力是推动生产关系向前改进的一种生产力。生产关系也是推动生产力前进的力量，

① 慕鸥：《唯物辩证的思维方法》，《研究》1932 年第 1 期。

> 而且有许多地方生产关系本身同时就是生产力。例如私有制显然是资本主义社会中使生产力前进的力量之一；而资本主义生产中人与人底结合这一生产关系同时就是一种生产力。①

无论是布哈林、德波林，还是慕欧，都把生产力与生产关系看作两个实体，用因果范畴来理解它们。其实，生产力与生产关系是事物的一体两面，互相作用、互相影响。

中国近代西洋逻辑的输入，使得中国学术界的思想方法为之一变。无论是唯物史观还是唯物辩证法都是以辩证法为其根本方法，辩证法与逻辑的根本观念是不同的②。牟宗三对于唯物辩证法的批判，正是首先从逻辑的角度着手。在他看来，李季《辩证法还是实验主义?》一文根本就不懂逻辑。他阐述了自己的研究方法：

> 如果要了解一切科学的性质，或一切问题的性质，不妨以逻辑为起点，不妨以认识论逻辑为先着。由认识逻辑之本性，进而认识其他学问，划分其他学问，我想结果必得一清楚的概念，决不至一塌糊涂，混淆不清，从这

---

① 慕鸥：《唯物辩证的思维方法》，《研究》1932 年第 1 期。
② 陈高傭：《中国思想史上的方法论争——从中国过去的思想方法论争说到中国本位文化讨论中的思想方法问题》，《文化建设》1935 年第 1 卷第 10 期。

方面而进行哲学工作的是现代哲学的特性，也是主要的趋势。①

牟宗三对逻辑派、型式派和直观派三种不同的逻辑予以批判，以此阐述自己认同的逻辑。他说：

> 逻辑既然是理性自身的发展而不是关论外界的应用，所以逻辑不是实际的，不是有真假可言的真正命题，而是形式的，而是无真假可言的命题函数；因而逻辑也不是特殊的实然的，而是普遍的必然的。理性自身就是不关论外界的那普遍的形式的人类理性。这个理性全是法模，全是架子，这架子间的推演关系就是所谓套套逻辑。套套逻辑的推演完全是先天的，不依靠经验的。凡个前提是一确定，就可以推出全部的逻辑世界。所以，逻辑只讲可能，而不讲实际。实际是它的应用。逻辑只是客观绝对，主观相对或选替乃是它的表达或应用。②

以此为根据，牟宗三提出了逻辑与方法学的区分，用以

---

① 牟宗三：《逻辑与辩证逻辑》，《唯物辩证法论战》，北平民友书局1934年版，第72页。
② 牟宗三：《逻辑与辩证逻辑》，《唯物辩证法论战》，北平民友书局1934年版，第93页。

考察辩证逻辑究竟是逻辑还是方法学。通过考察辩证法发展的历史，他明确指出，辩证法到了黑格尔，已经不再像在古希腊时期那样是一种方法了，而是成为一种本体论的辩演过程。因此，他对辩证法进行了辨析与区分，将方法意义上的辩证法分为两派：一是芝诺、龙树和莱布尼茨，一是柏拉图、亚里士多德；将不成为方法的辩证法也分为两派：黑格尔的本体论与马克思的本体论。因此，唯物辩证法既不是逻辑，也不是方法学，而是一种元学主张。

在确定逻辑的意义之后，牟宗三试图再从逻辑的根本原则方面证明逻辑的性质，然后批评反对者的意见，以此说明辩证逻辑的原则是什么。首先，牟宗三明确了逻辑中三个根本原则的性质，它们是思想中的东西，不是对象中的东西，是指说对象或确定对象的思想上的运用，不是对象本身的生成变化。其次，牟宗三对三大原则逐一予以分析说明，并回应了陈启修在其所著《社会科学研究方法论》一书中对三大法则的批评意见。当然，牟宗三对于形式逻辑三大法则的辩护，不仅是对陈启修的批评，也是对整个唯物辩证法的回应和批判。

陈启修说：

> 辩证论理固然可以把握全面的动态现象，但非从空间的某一方面，时间的某一段落开始不可。形式论理的用处，即在能把握在关联及变动中的对象之某一方面及某一

时间之安定性……此种观察在思维的进程上是必要的，因为不如此，则思维无从开始。不过，所谓某一时间某一方面的安定性，只有相对的意义，不能看成绝对的；必须把它隶属于带有全面性及发展性的较高级较完全的论理。所以形式论理不是与辩证论理相对立，它被辩证论理克服了，而构成辩证论理的一部分。①

在牟宗三看来，这段话是描写关于两种逻辑争论最有力的一种见解，也是列宁派的主张，却存在着四个方面的错误：

（ⅰ）认解析世界之起点为形式论理，错误一；

（ⅱ）认客观的事实为辩证论理，错误二；

（ⅲ）认此客观的事实为论理，并以此论理不与形式论理相对立而却克服形式论理包括形式，错误三；

（ⅳ）认描写客观事实之原则为逻辑原则，为推理律，错误四。②

经过以上辨析，牟宗三从纯逻辑方面确定了形式逻辑之不可反驳，并指示了辩证逻辑只是一个辩证过程，一种解析世

---

① 陈豹隐：《社会科学研究方法论》，好望书店 1932 年版，第 219 页。

② 牟宗三：《逻辑与辩证逻辑》，《唯物辩证法论战》，北平民友书局 1934 年版，第 114 页。

界、摹状客观事实的理论，但不可能成为一种逻辑。此后，牟宗三又试图从方法论方面证明辩证逻辑不能成为一个特殊方法，更不能克服形式逻辑。对于形式逻辑与辩证法的思想方法比较，陈启修从六个方面予以阐述二者的差异关联：（ⅰ）抽象和概念；（ⅱ）判断和推理；（ⅲ）分析与综合；（ⅳ）归纳和演绎；（ⅴ）经验和实验；（ⅵ）科学的预见。对此，牟宗三根据形式逻辑的性质予以逐一批判。牟宗三是这样理解形式逻辑与抽象、概念、判断等科学方法的不同：

> 形式论理……就是人类理性的无限的推演与发展，至于所谓抽象概念推理判断分析综合和逮纳演绎等东西完全是我们解析事物时所用的东西，也完全是在我们解析事物时这些东西才表现着。所以，我们说，这些东西乃是科学方法中所有事，与逻辑迥乎不同。形式论理的思索方法更是不同。①

据此，牟宗三认为陈启修误读了抽象、概念、判断等作为科学方法的性质与意义，而对它们作出了形式逻辑与辩证逻辑的区分，是毫无意义的。因此，辩证逻辑也离不开科学方法，

① 牟宗三：《逻辑与辩证逻辑》，《唯物辩证法论战》，北平民友书局1934年版，第116页。

自身只是一种普通的科学方法，不能成为一个特殊的方法。

矛盾是唯物辩证法的核心观念，牟宗三比较形式逻辑与辩证法逻辑在矛盾意义上的不同，来给唯物辩证法进行定位。牟宗三阐述了辩证法对于矛盾的根本意义：

（a）矛盾是自相矛盾，不是两物之对立；

（b）矛盾是概念上的，不是事实上的；

（c）矛盾是逻辑上的，不是时间与空间上的；

（d）矛盾的动是概念的展开，而不是事实上的动。①

牟宗三认为，唯物辩证法所讲的是事实问题，采用矛盾逻辑不可避免地带来了以下结果：

（一）保持矛盾逻辑的根本义，则自称为唯物论的即是唯心论；

（二）保持唯物论或实在论，则矛盾逻辑不是事实问题，即在事实上不能用；

（三）要想用它而又是唯物论，则矛盾逻辑必改其原样，即不是矛盾逻辑，而必须用另一套名词解之；若用一

---

① 牟宗三：《唯物史观与经济结构》，《唯物辩证法论战》，北平民友书局1934年版，第112—113页。

专门名辞表之，即"关系逻辑"（Relational logic）是；（四）结果"辩证法"在"唯物史观"上不可能。①

至于究竟为什么不能？牟宗三列出了十条具体意见，其核心观点就是：唯物辩证法讲事实，而不是讲概念，概念没有时空，事实有时空；矛盾是自相矛盾，在概念意义上使用，而事实没有"矛盾""正负"，只有"歧异""变化""错综"；矛盾既是生又是死，注重点在"同时"，"同时"是抽象的、概念的，而事实没有"同时"；"对立物之统一"在矛盾逻辑上不成立，矛盾是自身的矛盾，不是两个对立物。因此，牟宗三认为，马克思所用的名目是矛盾逻辑，而骨子里却与矛盾逻辑无关，唯物辩证法的理论唯有用关系逻辑可以理解。

20世纪30年代的唯物辩证法论战不仅是一个纯粹的理论问题，还是一个实践性的历史课题。贺麟曾这样评价，盛行于九一八事变前后10年左右的辩证法、唯物论"忽略了民族性和民族精神"，"太没有认清中国问题的时代背景，和客观环境，而只知抄袭外来的教条"。② 由于受时代和历史的局限性，现代中国知识分子对马克思主义唯物辩证法的理解上还存在着许多不足之处，对马克思主义哲学的认知水平还不高。

---

① 牟宗三：《唯物史观与经济结构》，《唯物辩证法论战》，北平民友书局1934年版，第113页。

② 贺麟：《当代中国哲学》，胜利出版公司1945年版，第79页。

三、辩证法与唯物论是否可以综合

现代中国，学界普遍认为马克思的唯物辩证法是由唯物论与辩证法二部分构成，然而一些学者认为这两个部分是不能相互融合的。比如，在毛起鵕①看来，唯物辩证法由唯物论与辩证法两个方面组成。现代唯物论的最大特点是以现代的科学为基础作证明，而马克思的唯物论重视的是社会现象中的经济因素，其实证意味甚浓。恩格斯对马克思的这一思想予以曲解，去其实证性，而以之比附近代唯物论，于是所谓辩证法的唯物论不得不陷入观念论的窠臼。②回望近现代哲学史，马克思主义哲学建立在近现代自然科学基础之上，但与唯科学主义存在着根本不同。唯科学主义以自然科学方法去改造哲学，理性被限制在经验、现象的范围之内，试图以具体的、实证的理性代替传统西方哲学思辨的、抽象的理性。然而，马克思深刻认识到，人与自然的对立，根源在于自然科学二元分裂的世界观，而这种二元分裂只有在本体论层面才能得以解决，认识论（科学）层面的努力是徒劳的。作为世界观、认识论和方法论相统一的马克思主义，没有辩证法

① 毛起鵕（1903—1908），字启俊，别字蓼墅，宝应人，社会学家、教授，长期在上海、苏州高校任教。

② 罗素：《自由与组织》，陈瘦石等译，商务印书馆1932年版，第十八章。

支撑的唯物主义注定是不彻底的唯物主义，而没有本体论支撑的唯物史观也注定是不完整的唯物史观。

（一）辩证法与唯物论的融合

瞿秋白的唯物论不是一般意义上的唯物论，而是"互辩法的唯物论"，即辩证唯物论。"马克思主义宇宙观的基础是在于互辩法的唯物论。互辩法唯物论的名称便可以表示：马克思的唯物论是唯物论与互辩法的综合，而且是这两种学说最发达的最进化的结论。"①

张申府认为："现代唯物论的所谓物或物质，乃用的极广义，本不是什么死的或不变的，不可捉摸的所谓本体或本质。"②"现代唯物论的重要本在它是方法，本在它是实践的，本在它是大可用的方法，本在它是用来可以大有效验的利器。"③"在理想上，将来的哲学实应是一种解析的辩证唯物论。"④ 张申府是中国把逻辑分析哲学与马克思主义哲学结合

---

① 《瞿秋白论文集》，重庆出版社 1995 年版，第 951 页。

② 张申府：《唯物论的重要》，《张申府学术论文集》，齐鲁书社 1985 年版，第 120 页。

③ 张申府：《唯物论的重要》，《张申府学术论文集》，齐鲁书社 1985 年版，第 118 页。

④ 张申府：《现代哲学的主潮》，《张申府学术论文集》，齐鲁书社 1985 年版，第 67 页。

起来的第一人。"逻辑解析不免要有所分，照例是根据原子论的观点的；而辩证唯物则侧重于全，于变，于事象的相关关联。"① 同时，逻辑分析与唯物辩证法也是可以互补的：

> 逻辑主在辩，而辩证法要在活，重在通。逻辑是原子的，而辩证法是经络的，上下文的。逻辑诚或局于片段；而辩证法偏于过程全体。逻辑末流之弊在支离破碎；辩证滥用之弊在笼笼统统，漠忽迷蒙是故。是故，逻辑与辩证法，非特相需以为用，也相资以补正，不宜偏废。②

张岱年因受其兄张申府的影响，主张将列宁的唯物主义、儒家的理想和罗素的分析方法三者结合起来。张岱年在批判机械唯物论的基础上，提出了新唯物论：

> 机械唯物论所谓唯物，乃谓物质是宇宙本体，而新唯物论的宇宙论，则根本已废去本体观念。新唯物论根本不主张所谓"自然之两分"，根本不承认有所谓现象背后的实在。新唯物论之根本态度，乃认为现象即实在，现象

---

① 张申府：《现代哲学的主潮》，《张申府学术论文集》，齐鲁书社 1985 年版，第 67 页。

② 张申府：《思与文》，河北教育出版社 1996 年版，第 8 页。

之外更无实在可说。①

在张岱年看来，"物质"不是现象背后的"本体"，而是具有活泼性和能动性的物质。显然，张岱年不是从西方形而上学的角度理解"物质"，这与马克思的思想是一致的。同时，张岱年为物质赋予了中国传统文化的内涵："宇宙是物质的发展历程。宇宙是物质之生生不已的创造历程。生命与新知，皆物质演化之结果。"②

张东荪在《从我们所谓哲学看唯物辩证法》一文中阐明了自己对唯物辩证法评价的视角："我以为马克思在哲学上的贡献，不在唯物辩证法之提出，而在揭开哲学之社会背景，不如前人之钻进哲学去研究哲学，而是跳出哲学的范围来看哲学，这对于传统的哲学研究者的打击，实在不小。"③据此，马克思的哲学是所谓的革命的哲学，即"革"传统哲学的"命"的哲学。照马克思的解释，我们的哲学为解释宇宙的，而他的哲学——唯物辩证法为改变宇宙的。

以此出发，张东荪阐明了唯物辩证法的特色。唯物辩证法

---

① 张岱年：《哲学上一个可能的综合》，《张岱年文集》第 1 卷，清华大学出版社 1989 年版，第 211 页。

② 张岱年：《真与善的探索》，齐鲁书社 1988 年版，第 222 页。

③ 张东荪：《从我们所谓哲学看唯物辩证法》，《大公报》（天津）1935 年 4 月 16 日。

分为两个部分：一为"唯物"，一为"辩证法"。马克思所谓的唯物，与普通哲学上的意义不同，普通哲学所谓的"物"有四种：一是可分的，二是实在的，三是客观存在的，四是身为心的基础。而马克思唯物的"物"，完全没有上述的性质，而只说物之为物，乃不依靠人而本然如此的，它是外在的，不为人力所左右。马克思的辩证法，与普通哲学上所用的辩证法，其意义亦不同。柏拉图的辩证法是方法，黑格尔的辩证法为理论之本身，马克思并不注重辩证法的本身，而将它当作副词讲，说事物的状态为"辩证的样子"（dialectically）。如果承认辩证法为一实在的东西，则它本身也要辩证，势必在"正辩证法"之后，再来一个"反辩证法"。唯物辩证法者以辩证法为方法。"方法"一词，马克思解释又与普通哲学不一样。普通所谓方法与逻辑不同，演绎是逻辑，归纳法是方法；唯物辩证法的"正""反""合"，不是演绎逻辑，也不是归纳的方法，只是一种"看法"。又有人把辩证法理解为认识论，其实马克思只是用辩证法去"认识"，不是当作"认识论"，这与普通哲学上所谓认识论，大不相同。

张东荪反对从认识论的意义上去理解"物质"这一概念。他说：

　　譬如说凡作用于我们官觉的是物质，须知自来所有哲学家没有一个不承认有东西（something）作用于我们的官觉之上。柏拉图承认这个，但他不名之曰物质，而名之曰"相"（image，eidola）。这是指各别的而言。至于能普遍的，能共同的，便是所谓 idea。柏开莱（Berkeley）亦承认这个，但他不名之曰物质，而名之曰性质（qualities）。于是有第一类性质与第二类性质之分。休谟（Hume）亦承认这个，但他不名之曰物质，而名之曰印（impression）。康德更承认这个，但他不名之曰物质，而名之曰"混杂者"（the manifold）。其实再广义一些，他所谓的"现象"（phenomena），亦正是指此而言。到了现代哲学，所谓 data，所谓 object，所谓 given，都是指这个东西而说的。所以我敢大胆宣告说：从古到今没有一个哲学家否认这个东西的存在，即叔本华亦承认有个 vorstellung 以代表 other will，问题只在研究这个东西如何变为"可理解的"（intelligible），而不是这个东西的存在与否。[①]

因此，在张东荪看来，认识论意义上的理解只能带来名辞之争。如果按照"有这种东西便是唯物论"的逻辑，则我们可以说柏拉图、柏开莱以及康德都是唯物论者。甚至可以说，自有思想以来就没有一个唯心论者，因为没有人不承认有一个作

---

① 张东荪：《我亦谈谈辩证法的唯物论》，《大公报》副刊《现代思潮》第 3 期，1931 年 9 月 18 日。

用于我们官觉上的东西的存在。

其次，如果从性质的变异或分化的意义上理解辩证法，那么所谓的变化就是"进化"。既然把心认为由物质分化到某种程度而生，则这种主张和进化论毫无区别。

傅统先（1910—1985）是中国现代哲学家、教育学家，中国教育哲学学科的重要奠基人之一，也是一位爱国爱教的穆斯林学者。傅统先在《辩证法与唯物论是可以综合的吗?》一文中说："然而根据我们研究的成果，若是辩证法不是唯物论的，那么这种辩证法本身是不能成立；若是唯物论不是机械式的，那么根本就无所谓唯物论。"在傅统先看来，物质是占有空间性的实体，他在时间之流中有因果的变化。假使你承认这一点，你就是一位机械的物质论者。这个主张包含两个特点：第一，物质是刺激感官的实在体质；第二，它有因果运动。据此出发，如果有人不承认物质是有实体的或有人主张物质有一种超过因果律的运动，那么他们所谈的就不是物质。在这里，傅统先引述了恩格斯的一段话："许多人的协业，许多个别力量之融合为一总力量便形成一个更高级的新力量，它与组成它的个别力量之堆集的总和是完全不同的。"根据恩格斯的论述，傅统先认为原因能产生超过于机械结果之外的一种新的东西，其结果物质之性反被否定了。但是，辩证法的唯物论既主张物质必须是辩证的，那么他们不能不否认物质的同一性与因果性，而承认物质之矛盾性与有机性。按照这种逻辑，物质既有内在的矛盾，它同时是存在的又不是存在的，那么你根本就没有讲到物质到底是什么；如果物质的运动不是机械的而是一种有机的活动，那么这种活动又不成其为物质。因此，辩证法的物质不能有一定因质的实体，而是处在矛盾进展的过程中，只是一个猜不透的谜。在这个意义上而言，唯物论容纳辩证法是不可能的。

那么，黑格尔的辩证法是否能变成唯物论的辩证法？黑格尔哲学的前提是存在与知识的合一，"凡实现的东西都是理性的"。这就是辩证法的根据，所谓的正反合只有逻辑上的先后而没时间上的继续。即便是黑格尔把正反合运用于自然界与历史，那么历史也为精神过程的表现。与之相反，马克思既然想把黑格尔的辩证法颠倒一下，那么黑格尔在理性上的正反合一变为外界的正反合，这意味着马克思的唯物辩证法是有时间性的。"先有一个正，由正而生反，由反而有合，所以正反合变成了三个阶级，继续变迁。这是一个顺着时间之流而前进的历程。"①在傅统先看来，主张唯物辩证法的面前只有两条路：一是接受黑格尔的辩证法而以唯物论的观点去解释，但带来了时间问题的困扰。"若是物质变迁中没有这种时间性的正反合，那么第一，物质不能同时是正的是反的，而又是合的；

---

① 傅统先：《辩证法与唯物论是可以综合的吗?》，《文哲》1939年第1卷第9期。

第二，如此则根本上物质便没有变迁。"因此，黑格尔的辩证法只能从理性方面讲，而不是唯物的。二是保存黑格尔的名义而另作一种新的解释。在自然界中有一种由正而至反至合的变迁历程，其实只是利用辩证法的美名来讲因果性的机械的运动过程。

按照傅统先的论证，唯物论若是辩证的，则物质不能成立；辩证法若是唯物的，其辩证法仍只是机械的因果律。因此，唯物论与辩证法是不能综合在一起。

20世纪30年代，傅统先是对辩证唯物论进行系统研究的学者之一。他在《辩证唯物论批判》一文中系统阐述了新唯物论的发展、新唯物论者及其文献、新唯物论之理论、新唯物论的批评、新唯物论在哲学史上的地位等内容。在他看来，唯物与唯心的争论毫无意义，因为近代哲学已由本体论转移到认识论，所争论的问题并不在物质是否存在，而是知识对象之存在是否脱离意识而独立，其实质是实在与观念之争。他分析了唯物论与实在论之间的不同之处："物体是否即实在，尚是一个待证明而并未肯定的问题。即使物质是实在的，然实在并不一定都是物质。"①以此为据，傅统先批评了新唯物论把实在等同于物质是错误的，"实在论不一定承认物质之存在，观念论亦

---

① 傅统先：《辩证法唯物论批判》，《唯物辩证法论战》，北平民友书局1934年版，第30页。

不一定否认外界的实有"①。这种错误表现在两个方面：一是决不承认固定物质的存在，二是也不说事物的本体是在认识之外的物体。傅统先通过分析德波林②、恩格斯、普列汉诺夫的论述，指出了他们只是死抓住了"唯物""唯心"两个名称，其内容却是观念与实在的讨论。

　　首先，傅统先辨析了存在与意识之间的关系。他通过梳理恩格斯、普列汉诺夫、列宁、德波林的相关论述，发现辩证唯物论观点源于费尔巴哈的唯物论，在认识论上的根据只是感觉论与实在论，感觉论强调感觉为一切知识的源泉，而感觉为外界物质的反映而已；实在论则承认外界事物是离意识而独立存在。对于这种观点的阐述，应以德波林为代表。"唯物论者在感觉之对象与对象之感觉二者之间是划定了严格的界限。感觉

---

　　①　傅统先：《辩证法唯物论批判》，《唯物辩证法论战》，北平民友书局1934年版，第30页。

　　②　德波林（1881—1963），苏联哲学家，历史学家。1903年加入俄国社会民主工党，1905年开始反对马赫主义。1907—1917年参加孟什维克派。1928年加入苏联共产党（布尔什维克）。德波林在宣传和阐述马克思主义哲学方面起了一定作用。他的《辩证唯物主义哲学入门》一书先后出了6版，在当时影响广泛。在20世纪20年代反对机械论的斗争中，他起了重要作用。他还对黑格尔辩证法进行了深入研究并试图加以改造，而且进一步研究了整个辩证法史。30年代初德波林哲学思想受到批判。1931年联共（布）中央作出关于《在马克思主义旗帜下》杂志的决议，认为德波林站在"孟什维克或唯心主义立场"，忽视了马克思主义哲学发展中的列宁阶段，忽视了唯物辩证法同黑格尔唯心辩证法的质的区别，忽视了理论与实践的联系。著有《黑格尔和辩证唯物主义》《哲学和马克思主义》《列宁和现代物理学危机》《哲学与政治》等。

之对象的总和乃构成了离一切意识而独立存在的，外在物质世界。至于对象的感觉之总和乃形成内在的世界，意识内容，且没有意识便不存在。"按照德波林的看法，存在的观念和存在本身是不同的，存在本身即外在自然界不依赖于意识，不为意识所限制，而意识乃是在宇宙客观的历史发展的过程中创造出来的。

其次，在傅统先看来，意识与事物之间只有因果联系的关系，非意识为因，事物为果。因为物质根本即无意识，"形式""性质"只依赖"形态"始得产生，而观念又依赖于"形式"与"性质"而构成。无物质本身之运动，即无性质与形式之产生，因之我们亦无所感觉。傅统先引用了恩格斯在《费尔巴哈论》中的论述："形式也正是自存之物对我们活动的结果，没有这种活动，它们便不会有任何形式。"

再次，傅统先厘清了现象与本体的关系。在新唯物论者看来，本体就是所谓的"自在之物"、"形态"或"客观之物质实体"；现象是我们所感觉的"形式"，或者是我们的观念所解释的外表，或者是意识中的印象。傅统先认为，本体与现象之间的关系：本体为现象的原因，现象为实体对意识活动的结果，现象与实体绝非是一件东西。

最后，傅统先阐述了马克思主义关于真理的标准。真理的标准是社会的历史的实践，事物的真伪当视该事物的本质能否为我们所应用，这是傅统先引证恩格斯的观点。真理的标准既是历史的实践的，那么真理并不是固定不变的，人类的认识是随着实践经验之发展而发展。

马克思在《关于费尔巴哈的提纲》中曾经指出："从前的一切唯物主义（包括费尔巴哈的唯物主义）的主要缺点是：对对象、现实、感性，只是从客体的或者直观的形式去理解，而不是把它们当做感性的人的活动，当做实践去理解，不是从主体方面去理解。"①这一重要论述表明，要从人与外部世界相互作用的过程中去理解主客体的关系，去把握唯物论与辩证法的结合。

罗素所著《自由与组织》一书，其中第十八章专批马克思的唯物辩证法。罗素对于辩证唯物论的评价，曾经影响了中国知识分子对于唯物辩证法的看法。罗素说：

> 辩证唯物论乃包含许多成分之理论。自形而上学方面而言，为唯物论；自方法方面而言，则彼采用黑格尔辩证法之形态，而许多重要之处，乃与黑格尔辩证法不同。彼采用演化之见解，此中之演化各时期均可以逻辑各词表明，此中变化乃系发展之性质，而无伦理及逻辑之意义一比即言，此种变化乃按一固定计划而进行。②

---

① 《马克思恩格斯文集》第1卷，人民出版社2009年版，第499页。
② 张东荪译：《罗素评唯物辩证法》，《宇宙》旬刊1935年第2卷第11期。

　　罗素引用恩格斯《从空想到科学社会主义》一书予以证明，"辩证唯物论之学说又名为唯物史观"。罗素又引用《德意志意识形态》一书阐述历史之唯物论大意。罗素提出了以下疑问：第一，唯物论于哲学上是否为真。第二，马克思之发展论中所包括黑格尔之辩证法，如果离开黑格尔之系统，是否还能证明；进一步追问，即此形而上学理论是否与经济发展之历史相关。据此，罗素提出了自己的看法：

　　一是唯物论在某种意义上可以为真，但不能证其必然。罗素引用了《论费尔巴哈提纲》一文，在罗素看来，杜威可能受其影响。"旧式唯物论中之物质概念，乃与感觉之概念合而为一，物质为感觉之原因，物质根本上亦即感觉之对象，例如视觉及触觉，在感觉中，人为被动，而仅接受外界之印象。但将感觉训为被动的，乃为一抽象概念，而与实际不相应符……大体言之，依马克思言，所有物质者皆视为有如机械者然：仅为予吾人行动以机会之材料而已，迨其既经完成，则成为人类之出产品矣。"罗素注意到了马克思与恩格斯之间的不同，并引用了1892年恩格斯《从空想到科学社会主义》的序文，认为恩格斯与旧唯物论的态度相近，列宁接近恩格斯较马克思为多，列宁以后，物理学家皆渐与唯物论远矣。"但恩格斯却以物质为最后的实在，然马克思却亦世界之进展乃依一逻辑公式。"

　　二是马克思采取了黑格尔辩证法，把历史看作一合理的历程，而事实上并非如此，据此以为一切变化都是进步的。在罗素看来，人类的未来具有某种必然性这种预言，是超出科学所能保证的范围之外的。马克思的形而上学通过两种方式出现：一方面把事物弄得比现实生活更整齐、更干瘪和更精确；另一方面，对未来作出任何断言都是科学无法保证的。显然，罗素以科学的名义否定历史必定行，却同时使自己陷入了反科学的境地。

三是关于历史中之经济原因，罗素认同马克思的观点。

关于罗素评价马克思的观点，大多数知识分子予以肯定。吴恩裕通过研究发现，中国对辩证唯物论的研究，其文献资料大都俯拾于日译，而欧美对辩证唯物论的研究带有点批判的精神，一洗德俄日等国在此问题的教条式、宗教式的信仰态度。持这种批判研究态度的学者有：美国的胡克（Sidney Hook），英国的克尔（G.D.Cole）、麦克牟来（John Macmurray）、罗素（Bertrand Russell）①。在吴恩裕看来，罗素的文章有下列几点是需要批评的：

一是马克思的学说与实用主义或工具主义在形而上学方面

———————

① 伯特兰·罗素（1872—1970）是 20 世纪英国哲学家、数学家、逻辑学家、历史学家，无神论或者不可知论者，也是 20 世纪西方最著名、影响最大的学者和和平主义社会活动家之一，罗素也被认为是与弗雷格、维特根斯坦和怀特海一同创建了分析哲学。他与怀特海合著的《数学原理》对逻辑学、数学、集合论、语言学和分析哲学有着巨大影响。1950 年，罗素获得诺贝尔文学奖，以表彰其"多样且重要的作品，持续不断的追求人道主义理想和思想自由"。他的代表作品有《幸福之路》《西方哲学史》《数学原理》《物的分析》等。

的异同。罗素认为马克思在《费尔巴哈提纲》中所主张的哲学或实用主义或工具主义是同一的。罗素说：

> 这些论纲中前一部分所主张的哲学，后来在实用主义或工具主义的名目下，由杜威博士的作品，在哲学界中表现得很被熟知了。杜威是否感到受了马克思的影响，我并不知道，但是无疑地，他们对于"物质"的形上学的形态的说明，是与马克思本质上相同的……①

罗素分析了杜威的实用主义与马克思的实践主义之间不仅有相同点，也有不同点。罗素的根据是：马克思的"费尔巴哈提纲"前一部分主张把作为"实在"（reality）的"心"或"物"的概念与"感觉"（sensation）或"行动"（practice）拉在一起；而杜威或其他实用主义者也主张形而上学上面的"心""物"等概念须与"经验"（experience）连起来才有意义。也就是说，一概念之可持与否要看他是否能产生"实际的效果"（practical consequence）。在吴恩裕看来，所谓的相同点，他们两派都持一种反形上学的态度。詹姆士（W.James）是实用主义的大师，他曾在"*What Pragmatism Means ?*"一文中鲜明地提出反形上

---

① 转引自吴恩裕：《评罗素"论辩证唯物论"》，《国闻周报》1935 年第 12 卷第 16 期。

学的意见。他认为形上学上的一多、心物等争论，都是无谓的（idle），都是无终了的（interminable）。因此他便另创一种注重实际效果的主张，即实用主义，而不谈形而上学的无谓争论。因此，实用主义及杜威的工具主义对于形而上学的问题都是采取"不了""了之"的态度。在这一方面，吴恩裕认为马克思也是如此。马克思在《费尔巴哈提纲》中说：实在与非实在（reality or non-reality）的问题只是繁琐学派（scholastic）的问题。但实在与非实在的问题是整个形而上学的核心。从这个意义上而言，马克思反对形而上学，并认为形而上学是没有意义的。

此外，吴恩裕比较了实用主义或工具主义与马克思主义的不同建构。关于实用主义或工具主义，吴恩裕例举了詹姆士和杜威博士。詹姆士把那些空洞的"心""物"及其他一切观念当作一个工具，看看他们在事实上、在经验中能否有用，能否产生实际的效果。如果能，则这观念便是真的；如果不能，便是假的。这是解决以玄谈为目的的形而上学问题的方法，也是一种真理论。杜威则是把"真理"解释为效用，"一条路的用处，是不能用它：可为强盗所利用的标准，来量度的"。事实上，一个观念或一个命题"有用"与否的问题，是很复杂的。往往会受到阶级立场的不同而得出的结论不同，对此马克思曾批评边沁的功利主义：

　　　　耶利米·边沁纯粹是一种英国的现象。……假如我们想知道什么东西对狗有用，我们就必须探究狗的本性。这种本性本身是不能从"效用原则"中虚构出来的。如果我们想把这一原则运用到人身上来，想根据效用原则来评价人的一切行为、运动和关系等等，就首先要研究人的一般本性，然后要研究在每个时代历史地发生了变化的人的本性。但是边沁不管这些。他幼稚而乏味地把现代的市侩，特别是英国的市侩说成是标准人。凡是对这种古怪的标准人和他的世界有用的东西，本身就是有用的。他还用这种尺度来评价过去、现在和将来。①

从注重实践这一意义而言，实用主义与功利主义是相同的，表现为两个方面：一是对人有用的观念或命题就是真的；二是没有说明这"人"是什么人。在吴恩裕看来，实用主义者没指明这"人"是什么人，而马克思对于这"人"是什么人的问题，有了具体的、积极的、肯定的主张。马克思的主张是：阶级不同，人性则不同。

（二）辩证法与唯物史观的相通

现代中国知识分子认为，辩证法不仅与唯物论不能相融，

---

① 《马克思恩格斯文集》第 5 卷，人民出版社 2009 年版，第 704 页。

而且与唯物史观也不能相通，代表作有施友忠的《唯物史观分析及批评》、魏嗣銮的《辩证法与唯物史观》、牟宗三的《唯物史观与经济结构》等。魏嗣銮[①] 的观点具有代表性，认为唯物史观与辩证法之间没有关系："辩证法若果是真的，它就不是映影，即是唯物史观错了。反之，唯物史观若果是真的，辩证法必是映影，而映影中又寻不着它，则辩证法错了。"[②]

牟宗三对唯物史观的研究，虽然引用了马克思曾在其《政治经济学批判·序言》中对唯物史观的基本原理的概括，但其实是转引自河上肇的《唯物史观研究》。将"唯物史观公式"的几条原则抄录如下：

> 人类在他们的生活之社会的生产上，容受一种一定的、必然的、离他们的意志而独立的关系，这关系即是适应于他们的物质生产力之一定的发展阶段的生产关系。
>
> 这些生产关系的总和，形成那社会的经济结构，即是形成那法制的、政治的、这些上层建筑所依以树立，并一定的社会意识形态亦与之相应的那真实基础。物质生活之生产形式是决定那一般的社会的，政治的，以

---

① 魏嗣銮（1895—1992），德国哥廷根大学数学、物理学博士，四川大学教授。

② 魏嗣銮：《辩证法与唯物史观》，《唯物辩证法论战》下卷，北平民友书局1934 年版，第 7 页。

及精神的，这些生活过程的条件，不是人类意识规定它们的存在。反之，乃是人类之社会的存在规定他们的意识。

社会的物质生产力发展到某一定的阶段，便与它从前活动于其中的那现存的生产关系，或仅是由法律上所表现的那一切所有的诸关系发生冲突。这些关系便由生产力的发展形态转化而为它的桎梏，于是社会革命的时代便到来。

随着经济基础的变动，那一切庞大的上层建筑，都或缓或急的也就跟着变动起来。

当观察这种变动之时，我们应该把两件事分别清楚：一是为自然科学所能严密证实的那在经济生产诸条件上所起的物质变动；一是为人类用以认识这冲突而且想去克服它的那法律上的、政治上的、宗教上的、艺术上的，或哲学上的，质言之，即观念上的诸形态。

这种变动的时代，不能依着时代的意识来判断，这恰如我们要判断某一个人决不能照着那一个人自己以为他是怎样就去判断他怎样一样。反之，时代的意识，倒是要从那物质生活的矛盾上，即从社会的生产力与生产关系之间所现存的那冲突上说明的。

一个社会组织，当一切生产力，在其中尚有可以发展的余地以前，是决不会颠覆的同时，那新的比较高级的生产关系，当其本身上的那物质条件，在旧社会胎里尚未成熟以前，也是决不会出现的。

所以，人类只是提出那限于他自己所能解决的问题。为什么呢？因为更正确地观察起来，便会知道问题自身，要等到解决这个问题所必需的那物质条件已经存在，或至少亦必在生成过程中可以把握的时候，才能发生。

大体说来，我们可以把亚细亚的、古代的、封建的以及近代布尔乔亚的生产方式，作为经济的社会组织的进步之阶段。

布尔乔亚的生产关系是社会的生产过程之最后的敌对形态。这里所谓敌对，并不是个人的生存条件所生出的敌对之意，但正在布尔乔亚社会的母胎里所发达的生产力，同时，又形成解决那个敌对的物质条件。于是，人类社会的前史，便以这个社会组织而告终。

把河上肇的研究成果作为自己从事马克思主义的基础，这在当时的学术界是比较普遍的。范寿康的《马克思的唯物史观》一文中也引用了马克思的《政治经济学批判》序言，"我的这篇文章是根据日本河上肇博士的《社会问题研究》第三册的《马克思社会主义的理论体系》（其三）做的；我对马克思的大著《资本论》及《经济学批评》也尚没有批读的光荣；所以，原文都是那册《社会问题研究》抄下来的，译注解释虽间有少许的私见，可说完全是根据河上肇博士的意见。"①尽管如此，牟宗三对唯物辩证法与唯物史观的研究，还是作出了精辟的分析。

牟宗三关于马克思主义有一个核心观点："元学上的唯物论"及认识论上的唯物论与"唯物史观"之间不能相通。牟宗三善于进行概念分析，由"物"这一概念出发分析了"唯物史观"的意义：

> 这一个"唯物史观"，在马氏手里，是有特殊的意义，不能随便乱用。他这个"物"不是物理、化学及哲学家所衬付的"物"，他这个"史"也不是自然史或宇宙进化史。②

> "唯物史观"即是"经济史观"。换言之即是"历史的经济观"或"历史的经济解析"。所以他这个"物"即是"经济"，不是自然科学家所对付的物；他这个"史"是人类的社会史、社会进化史。所以"唯物史观"也即是"社会进化史底经济解析"。说到"进化史"，则辩证观念即在内。所以"唯物史观"也即是"社会进化史底经济的辩证之解析"。"唯物史观"即是以唯物论的见地与辩证的观念

① 范寿康：《马克思的唯物史观》，《东方杂志》1921 年第 18 卷第 1 号。
② 牟宗三：《唯物史观与经济结构》，《唯物辩证法论战》，北平民友书局1934 年版，第 95 页。

相结合而成的。①

　　唯物史观的"物"即是"经济"而言，则此所谓"经济"即是指公式中所谓"经济结构"或"生产关系之总和"是也。经济结构即是社会的经济基础。唯物史观即是这个经济基础的发展与变动的历史观。言经济史观而云唯物者，取唯物论之见地也。取唯物论之见地者，即为确定经济基础与上层建筑间的关系故也。②

　　牟宗三通过对唯物史观的命题分析，指出其背后的逻辑："存在决定思维，而思维不能规定存在"，将这个观念移而用之于经济基础上以造成其唯物史观。这个逻辑的前提即是唯物论与唯物史观是相通的、一贯的。牟宗三则认为马克思的这种逻辑是存在问题的。

　　首先，"规定"的意义在马克思的文本中模糊不清：

　　　　"规定"是"产生"（Produce）之意呢？还是"规定"（determinne）之意？产生与规定不同，产生是从无至有！规定是从有而至有，即是说有"能规定"必有"被规定"，

---

　　①　牟宗三：《唯物史观与经济结构》，《唯物辩证法论战》，北平民友书局1934年版，第96页。
　　②　牟宗三：《唯物史观与经济结构》，《唯物辩证法论战》，北平民友书局1934年版，第95页。

因被规定而变其形，不能说因被规定而以无至有。①

以此出发，牟宗三对于马克思文本中的"决定"予以分析，认为存在三种情况：假如马克思是纯粹唯物论者，则在唯物史观上的"规定"可说是产生；假若是物心二元论者，则规定即是规定；此外，"规定"还有其影响的意义，且有一定的时间性。

其次，牟宗三否定了马克思与费尔巴哈之间的理论渊源联系。一般认为，马克思把费尔巴哈的唯物论发展成为新唯物论，而牟宗三分析认为，二者的唯物论不是同性质的东西，费尔巴哈的唯物论是认识论上或元学上的唯物论，马克思的唯物论则是社会上的或唯物史观的唯物论。牟宗三分析了其中的原因：

其性质根本不同，任你怎样深化，与费氏的唯物论之是与否不发生关系。因为其方面不同，对象不同，范围不同故也。费氏是自然现象；马氏是社会现象。费氏是自然科学或哲学家的唯物论；而马氏则是社会科学家的唯物论。假若社会现象与自然现象是同一时，则我无话可说；

---

① 牟宗三：《唯物史观与经济结构》，《唯物辩证法论战》，北平民友书局1934年版，第94页。

假若不同一时，则费马两氏的唯物论不相干。马氏若认为相通，则即是他的理论之症结。吾之批评马氏就在此处着眼。①

显然，牟宗三认为唯物论与唯物史观的研究对象不同、性质不同，将唯物论运用到社会领域是很危险的，必然会带来一系列问题。

其三，在牟宗三看来，经济结构在唯物论意义上不能够成立，经济结构与上层建筑之间的区分并不通透，以此彻底否定了唯物史观。牟宗三从唯物史观的公式出发，指出了经济结构由四种因素构成：生产关系、生产形式或方法、生产力和生产工具，而最根本的是劳动工具与生产力。在这里，劳动对象与生产力虽为自然存在，但经济结构却不是自然存在的，其实是四个因素相互作用，从自然现象而转成社会现象，形成了马克思所谓的"社会的生产"或"社会的生活过程"。根据马克思唯物史观是"史的、动的、活的、全的、过程的、具体的"观点，其所讨论的是社会现象而不是自然现象，牟宗三认为经济结构在唯物论意义上是不能成立的。这里的关节点即是，"人类为欲求保持其生存，继续其生存，改善其生存，而始加入一

---

① 牟宗三：《唯物史观与经济结构》，《唯物辩证法论战》，北平民友书局1934年版，第97页。

种一定的联络与关系而对付自然"，经济结构即是由对付自然
由劳动对象和生产力结合逐渐发展的结果或产物。在这里，牟
宗三引用了他认为马克思重要的一句话："因为生产而互相容
受一种一定的联络与关系，而且只有在这种社会的联络与关系
之中，才能发生向自然的作用，才能发生生产。"①在这个过程
中，生产力和劳动对象是天然的，但二者的结合则不是天然
的，生产关系与生产形式的结合也不是天然的。因此，经济基
础不是天然的，"少不了脑筋的运用，即所谓'精神'或'意
识'"。经过这种逻辑分析，牟宗三指出在经济结构对付自然的
形成过程中少不了人的因素：

> 　　既云社会的生产，则即不是孤独的生产；既不是孤独
> 的生产，则于一团体间，联络或关系间能缺少法律、政
> 治等制度吗？能缺少道德意识吗？此处所谓"意识"，所
> 谓"精神"并不是什么神秘东西，所以特名之曰"脑筋
> 运用"。②

　　以经济结构本身就是人类在应付自然过程中的产物为前

---

① 牟宗三：《唯物史观与经济结构》，《唯物辩证法论战》，北平民友书局
1934年版，第103页。
② 牟宗三：《唯物史观与经济结构》，《唯物辩证法论战》，北平民友书局
1934年版，第104页。

提，牟宗三进行追问：如果经济结构为上层建筑的基础，那么经济结构的基础是什么？"既为人类应付自然环境而有的创造品，则虽不能说意识规定 X；但更也不能说为下层基础而规定上层建筑……我们一有这个社会的生产，这个社会的生活过程，则 X、Y、Z 亦随之而同时都有了。"[1] 由此，牟宗三否定了经济基础决定上层建筑这一观点，并且取消了经济基础与上层建筑之间的区分：

> 以社会生活过程来应 y，以精神生活过程来应 z，这是多么整齐的配合！然而却又是如何的抽象！所以，基础、建筑之分，实不是通透之论，实不是史的、动的、全的、活的、过程的、发展的看法，乃实是抽象的区分。[2]

在牟宗三看来，马克思是以抽象为事实：

> 马克司以为基础，为呈显于外的集大成，为离意志而独立存在的东西，为任何小孩子都晓得的事实，为他研究的出发点。它存在于外是事实，他以之为出发点也可以，因为我们不能不说话，说话就得要有出发点；但是它之外在不是如自然现象之外在，不是从天上掉下来的外

---

① 牟宗三：《唯物史观与经济结构》，《唯物辩证法论战》，北平民友书局1934年版，第 105 页。

② 牟宗三：《唯物史观与经济结构》，《唯物辩证法论战》，北平民友书局1934年版，第 105 页。

在。你以它为外在，是你为研究的出发点之方便对象，是你于发展过程中从中割断劈分而有的出发点，而有的暂时的抽象的方便对象。但你以之为出发点，还当不忘它是个"出发点"，而不是真正具体的事实。①

经过以上的分析和推理，牟宗三认为，唯物史观与唯物论是两件事，唯物论在认识论与元学形而上学的意义上还可以勉强成立，把唯物论运用到唯物史观方面更是错的；即使按照动的、全的、具体的、发展的观点出发，马克思所描写的唯物史观是不能成立的。

其四，马克思误用"黑格尔的绝对理念自身起矛盾式的辩证法"理论，将经济结构看成会起矛盾。在牟宗三看来，经济结构是不会起矛盾的：

经济结构既不是预定的先天的，框子似的存在，又不是超然的孤独的而为生产力之障碍，而同时生产力又不能与之发生冲突，则它必然是混融于人间社会的大流中而它自身的孤独（其实就无这会事）也必不能会起矛盾起变动。它的变动是因为它混融于社会的大流中而受各方面的

_____

① 牟宗三：《唯物史观与经济结构》，《唯物辩证法论战》，北平民友书局1934年版，第106页。

制约，受外缘的影响。①

按牟宗三的分析，马克思之所以主张经济结构起矛盾起变动制约其他的原因有两个方面：一是经济结构之超然孤独化，二是黑格尔的绝对理念自身起矛盾式的辩证法之应用或流毒。因此，马克思把经济结构的矛盾说有三种弊端：

（一）把 X（经济结构）孤独化抽象化，脱离人类社会而外在。因此，就以现在的 X 为外在的集大成而采取了唯物论的见地。

（二）误用辩证即社会的现象不能以辩证观念看之。辩证法是不能随便颠倒的。经济结构与其因子不会发生冲突。马克思先把它孤独化，所以才能说它自身起矛盾。孤独化是抽象的概念，而他所意谓的却是具体的事实问题，这才是一个矛盾。

（三）误解辩证法即以时间上的刹那生灭矛盾及以空间上的对立为矛盾须知这两方面都不是矛盾，矛盾是同时同地。同时同地是概念上的，是抽象的；具体的事实没有同时没有同地。以同时同地的矛盾逻辑来意谓异时异地的

---

① 牟宗三：《唯物史观与经济结构》，《唯物辩证法论战》，北平民友书局1934 年版，第 118—119 页。

事实变化，这是如何之误解。①

到此为止，牟宗三对唯物史观的批判是一以贯之的，从事实与概念、逻辑的动与静作出了具体的分析与批判。虽然牟宗三已直观到了马克思思想的精髓，触及了唯物史观的核心，但他的批判并不是建立在对马克思的文本基础之上，因此对马克思的思想产生了很多误解。马克思强调："人的思维是否具有客观的真理性，这并不是一个理论的问题，而是一个实践的问题。人应该在实践中证明自己思维的真理性，即自己思维的现实性和力量，自己思维的此岸性。"②作为蕴含辩证法的唯物史观，不是"无人"的辩证法，它强调社会历史就是人在既定的现实关系中进行创造的有主体的一元决定和多因素交互作用的统一，是关于在各种社会因素中起最终决定作用的理论，而不是简单的经济决定一切的理论。如果忽视历史辩证法，我们就无法厘清历史唯物主义与一般唯物主义的区别。这是理解唯物史观的根本前提。

---

① 牟宗三：《唯物史观与经济结构》，《唯物辩证法论战》，北平民友书局1934 年版，第 119—120 页。

② 《马克思恩格斯选集》第 1 卷，人民出版社 1995 年版，第 55 页。

第四章　走出从西方近代哲学理解
马克思主义的思想困境

　　1935 年 1 月 10 日，王新命、何炳松、武堉幹、孙寒冰、黄文山、陶希圣、章益、陈高佣、樊仲云和萨孟武十位教授，发表了《中国本位的文化建设宣言》，拉开了 20 世纪 30 年代中西文化论战的帷幕。尽管学界对"中国本位"的提出及阐释各不相同，但其内在的融合中西文化、重建中华新文化的底蕴是惊人的一致，这对于马克思主义哲学研究从追求"世界化"到"中国化"的转变具有不可忽视的思想意义。1939 年至 1940 年，毛泽东关于马克思主义中国化的"民族形式"的论述引起了知识界的论争。"中国化"的观点逐步被知识界所认同，"民族形式之建立，并不能单纯地依靠于旧形式，而主要地还是依靠对于自己民族现实生活的各方面的绵密认真的研究"[1]。张申府曾在重庆的一次读书会上说："中国文化，要孔子、罗素和马克思三位一体结合起来。《新理学》已经是有代

---

　　[1]　王瑶：《中国新文学史稿》第 2 卷，北岳文艺出版社 2015 年版，第 23 页。

表性的杰作。"① 张申府的"三结合"主张，以马克思主义思想为主，吸取罗素、孔子等其他人的思想，贯穿马克思的辩证唯物论，是对中国现代哲学的一个贡献。当时一些哲学家经过比较，逐渐认同了马克思主义哲学。其中，冯友兰、贺麟、梁漱溟是比较典型的代表。孙道升在其《中国哲学界之解剖》一文中，则直接把冯友兰划为"唯物史观派"。② 贺麟在《知行合一问题——由朱熹、王阳明、王船山、孙中山到实践论》中坦率地说："由于受了实践论的启示……使我敢于初步否定并批判我素所服膺并受过影响的程朱陆王的学说。"③ 梁漱溟借用马克思主义哲学的基本方法，正如艾恺中所说的，"梁漱溟对西方资本主义所作的保守主义的批判如此明显地利用了马克思主义的分析"④。正如恩格斯指出的，每个国家运用马克思主义，都必须穿起本民族的服装。马克思主义哲学必须与中国实际、与中华优秀传统文化相结合，只有从内容到形式都真正转变为具有中国风格、中国气派的中国化的马克思主义，才能成为中国哲学的重要组成部分，成为贯通中西方哲学新的理论形态。

张季同说：

①　侯外庐：《韧的追求》，生活·读书·新知三联书店 1985 年版，第 193 页。

②　李毅：《中国马克思主义与现代新儒学》，天津教育出版社 2007 年版，第 171—172 页。

③　贺麟：《五十年来的中国哲学》，商务印书馆 2002 年版，第 208 页。

④　艾恺：《最后的儒家——梁漱溟与中国现代化的两难》，江苏人民出版社 2003 年版，第 66 页。

　　所谓中国本位的文化，当是一种"对理"性的（西文 Dialectic 一词，俗译为辩证法，太不合适，或改译为对演法，亦未谛，兹兼顾音义，译为对理）要了解中国本位的文化，必须知其"对理"性。

　　研究文化问题，当用科学方法，然而一般所认为的科学方法，还须用"对理法"（Dialectical method）。科学方法或归纳法是发现公律的方法。对理法是观察现象的方法，是发现现象之实相的方法。归纳法与对理法同属"发现的逻辑"，缺一不可。唯用对理法，然后才能见到文化之实相，才不失之皮毛，才不失之儱侗。①

　　在这种思想文化转向的背后，有着深刻的历史背景。1926年瞿秋白曾作出一个论断："在五四运动期间人人谈论社会主义，1925 年之后他们都谈论阶级。"②1927 年的反革命政变，不仅标志着中国国民党在社会革命上的倒退，而且标志着它对马克思列宁主义的国际主义含义的否定。以后，中国国民党一天天地转向了一种保守的文化，并把它作为其世界观，重新肯定了深埋在中国的思想与社会传统中那种独特的智慧。对此，胡适曾经评论道："凡是狭义的民族主义运动，总会有一点保

---

① 张季同：《关于中国本位的文化建设》，《国文周报》1935 年第 12 卷第 10 期。
② 瞿秋白：《国民运动中之阶级分化》，《新青年》1926 年 3 月 25 日。

守性，往往走到颂扬固有文化，抵抗外来文化势力的一条路上去……"① 这种倒退，反映了中国国民党再重建形而上学过程中的无奈与消极。这使得一些中国知识分子在马克思主义中寻找思想资源。对马克思主义哲学的真正阐释，不可能局限在西方近代哲学的范围内。限于近代哲学范围内的解释既削弱了马克思的哲学革命的意义，也遮蔽了马克思主义哲学的当代性。马克思主义哲学作为真正的当代哲学超越了全部形而上学。

一、知识社会学视域下的唯物史观

马克思唯物史观中蕴藏着丰富的知识社会学思想，其核心命题"社会存在决定社会意识"也是知识社会学的核心命题。曼海姆从知识社会学的角度，将马克思主义当作辩证法、唯物史观、思维方式、社会思潮来加以研究，这在一定程度上拓宽了张东荪等学者对马克思思想研究的学术视野②。20世纪30年代，很多知识分子包括反对共产主义的知识分子都自觉不自觉地运用阶级、土豪、产业等马克思主义术语。张东荪就批评时

---

①　胡适：《新文化运动与国民党》，《人权论集》，中国长安出版社2013年版，第127页。
②　张东荪在《知识与文化》中把曼海姆译为"孟汉"，并多次引述了他的学术观点。

人难以"跳出"马克思"如来佛的掌心",常常"落在马克思的窠臼中"。①

张东荪（1886—1973），浙江杭县人，原名万田，字东荪，笔名圣心，晚年自号独宜老人。现代哲学家、政治活动家、政论家、保人。代表作《新哲学论丛》《认识论》《道德哲学》《知识与文化》《思想与社会》《理性与民主》《民主主义与社会主义》。张东荪对马克思主义的研究有两个阶段。1935 年以前，以"认识论"或"知识论"的态度评判马克思主义，尤其体现在唯物辩证法论证方面，其思想杂糅了西方各种认识论与实用主义；1933 年后，以"文化主义"的视野观察分析马克思主义，集中反映在《思想与社会》这部著作之中。张东荪的这种研究视野的转向，是与 1935 年以来的"中国本位的文化建设"分不开的。1935 年 1 月 10 日，张东荪发表了《现代的中国怎样要孔子》（原题为《从孔子说到中西文化之异同并论民族复兴之途径》）②，阐述了中国文化之老树必须再生新芽才能生存的思想。1935 年 4 月 13 日，中国哲学会首届哲学年会在北京大学开幕，张东荪在会上宣读了《从我们所谓哲学看唯物辩证法》一文，认为马克思哲学与"我们所谓哲学"是根本不同的，肯定了马克思在哲学上的贡献："揭开哲学之社

---

① 张东荪：《阶级问题》，《再生》第 1 卷第 4 期，1932 年 8 月 20 日。
② 张东荪：《现代的中国怎样要孔子》，《正风》半月刊 1935 年第 1 卷第 2 期。

会背景，不再如前人之钻进哲学去研究哲学，而是跳出哲学的范围来看哲学。"①这篇文章是张东荪改变对唯物辩证法看法的一个标志。此后，他开始从社会背景、思想范畴来阐述哲学问题。后来，他提出的所谓"唯器史观""技术史观"等便是吸收借鉴唯物史观的体现。

（一）作为知识论意义的唯物史观

张东荪的知识论综合了康德的先验哲学、新实在论和实用主义等因素，加上他自己的某些发展后产生的。他主张研究知识不只哲学（认识论）一途，除此之外还可以从心理学和社会学的角度来研究，他把这三种态度合起来形成一个综合的知识论。张东荪反对当时流行的机械唯物论，"思想与社会结构是永远交织在一起的，就是交织便互相受影响，所谓被动与主动就是分析这个互相影响与互相倚靠的情形以后始见的"②。"没有卢梭就没有马克思。——马克思与卢梭是不能分家的。一切弊病都由于二者的分开，即有民主主义而无社会主义或有社会主义而无民主主义——民主主义这个概念在其本质上根本就含有社会主义之概念在内。"③

---

① 张东荪:《从我们所谓哲学看唯物辩证法》,《大公报》1935 年 4 月 16 日。
② 张东荪:《思想与社会》, 辽宁教育出版社 1998 年版, 第 83 页。
③ 张东荪:《思想与社会》, 辽宁教育出版社 1998 年版, 第 219 页。

　　张东荪对马克思的唯物史观是充分肯定的，并认为他所理解的唯物史观才是马克思的原意。"所谓唯物史观是主张历史上的变化（尤其是重大的变化），无不以物质条件为其推动的原因。在此所谓物质条件是指经济生活上生产方式之变化。"①张东荪已经注意到，马克思所讲的"唯物"一词与一般意义上所说的"唯物论"是表面上一样，而意义不同。为了避免这种误解，张东荪建议把"唯物"改为"客观"。他认为马克思的理论出发点是"学理与策略之合一"，这就决定了马克思一方面要想使其所说变为深刻的学理，另一方面又想使他的学理变为有力的策略，而二者的合一造成了一定的迁就，自然对"客观"一语弃而不用。他接着分析说，唯物史观只注意生产的社会关系，则决不是后来学者所说的"经济史观"，而应该是"阶级斗争史观"。因此，马克思的唯物史观的核心命题是，社会上生产关系一有变化则历史上便会有一个大的事件。张东荪将这种"革命一类的社会变化"称之为"社会突变"。按照这种逻辑，"马氏讲社会变化其实在真心上只是注重在这样的突变，因为他的目的在谋社会革命，这由于他总必得把学术上的真理与活动家的战略合而为一"②。张东荪认为，研究历史的人必须先有充分的社会学的知识，只有如此解释历史才有价值。在这

---

　　①　张东荪:《思想与社会》，辽宁教育出版社 1998 年版，第 97 页。
　　②　张东荪:《思想与社会》，辽宁教育出版社 1998 年版，第 98 页。

种语境下，阶级的分立情形决定社会结构的情形，由社会结构的情形决定其社会的"上层建筑物"思想内容，于是唯物史观便自然包含有所谓知识社会学。张东荪追问，究竟是阶级分立决定上层建筑物的思想信仰呢，还是社会结构当作一个整体的情形来决定思想信仰人生观道德判断法律观念呢？如果是前者，思想形态反映阶级意识，则有产阶级有一套思维方法与理论内容，而无产阶级又另有一套，二者绝不相同；如果是后者，则在决定者方面只有一个唯一的社会结构整体，例如中国社会有一套中国式的思想，而印度社会有一套印度式的思想，中国社会中的无产阶级（或有产阶级）并不与印度社会中的无产阶级同其思想态度或运思方式。张东荪根据"学理与策略合而为一"的立场，推断马克思是主张前一种意见。对张东荪而言，二者兼而有之，须臾不可离也，涉及社会利益和社会基型两个方面。关于社会基型的具体根据是《知识与文化》中的主张：

> 第一点是由社会的现实结构乃发生更进一步的需要，于是有理论的主张出现，以应乎这个文化需要。这是从文化需要方面讲理论知识与社会状况之关系。第二点是每一种文化必有若干范畴在思想上使用着，因范畴的使用不同与其性质差别以及结合相异，遂形成不同的"思想轨型"。[1]

---

[1]　张东荪：《思想与社会》，辽宁教育出版社1998年版，第99页。

据此分析，张东荪试图分析思想影响社会的意义。马克思的科学社会主义，即是把客观性的冷苛真理与主观性的热情合二为一。因此，"社会平衡"必须自己有了破裂后方能从思想方面加以煽动，演化为革命。张东荪反对将马克思主义科学化，因为科学知识只能成为社会学而不能成为社会主义，在科学上不能有"主义"，有主义则是形而上学的事。由此，社会思想、政治理论、道德原理、宗教信仰是与形而上学合一的，一切社会思想都是在本质上是建设性的，决不会只有分析与批评而无主张与理论。不仅如此，社会思想还有稳定社会的作用。张东荪通过分析"概念格局"一词，指出社会秩序总是反映在某某概念格局上，社会结构一有变化则会引起概念格局的相当改变；经过变化的新的概念格局，有助于社会重新组织上的安定化。这种分析的逻辑出发点是，人们参与社会组织必须先对于组织上的条理与其代表的概念有所认同，具体包括心理的、道德的、逻辑的，因为其形而上的性质三者并无分别的必要。凡在逻辑上合理的在道德上即应当的，心理上也是可欲的，这样就把理性与实际社会组织融合在一起。由此，张东荪对唯物史观作出新的阐释：

由境况决定思想，或由生存条件决定思想，只是由此决定可推知其思想布局中自己所居的地位，而并不是把这个思想缩小了以归于一个在社会地位上的某一些人。这句话的意思是说一个无产阶级的人不能只有关于其自身利益的思想，在这个思想中无产阶级居甚么地位，有产阶级居甚么地位，用脑的人与用手的人各居甚么地位。此说对于马克思的原义并无出入，自然各个人都可有一个关于社会全体布境的全盘思想。因为各人所处的地位不同，遂致其所有的全盘思想彼此间有错综异同。①

张东荪比较赞同曼海姆的"抵消折衷"命题，就是把这些异同的意思加以折衷，使之"中和"而获得真理。然而，这种中和化是有程度的，"文化冲突"就是在不断的进展中发生矛盾。在张东荪看来，黑格尔的辩证法正反合方式是先验的、固定的、演绎的，用来说明社会变迁是没有意义的。在这个意义上而言，马克思派学者对于方法上的假设与归纳所得出的结论往往混淆不清。"正反合如果是方法上的假设则决不能同时又是归纳得来的公式。反之，如果是由归纳而见的法则决不可在研究开始时当作方法来用。"②因此，张东荪对于马克思与曼海姆的观念都有所批评，并提出了自己的观点：

照我们说来，不仅是任何社会结构必附有"说"，并

---

① 张东荪：《思想与社会》，辽宁教育出版社 1998 年版，第 104 页。
② 张东荪：《思想与社会》，辽宁教育出版社 1998 年版，第 104 页。

且是这种说又能回过头来使社会组织加以改良。由前而言，是用理论对于现实为之辩护，即所谓"理由化"，亦就是对于现状说明其理由。但既必须有理由则总可以据理由以察现实，倘有不符则只有改造现状以求合理。所以"理"字的概念一出来，便自会反回头来施其作用及于现实。社会制度与理论思想乃是永远在这样一往一来的交互作用中向前推进。①

在这个过程中，社会制度的变迁只能源于自身的原因，理论也只能推波助澜，不能有所造作；但在由动摇崩溃而趋于稳定的过程中，理论的力量却不算小。张东荪是从其知识社会学的角度立论的，新建的秩序必须建立在大众认同的心理基础之上，所谓各种理论系统也是试图为大众求得一个良好的社会状态。张东荪是这样解释的：

观念形态反映社会现状，尤其社会的不公平状态。理想是关于现状之改良，乃出于对现状有所不满。一个社会总是在这样一推一挽中进行着，换言之，即必有前进之动而同时又必后退之动。动与反动相激荡而始有变化。这个变化因为是推与挽相折中之结果所以不是思想家所能预料与先见

① 张东荪：《思想与社会》，辽宁教育出版社1998年版，第105页。

的。这些道理本合于马克思之社会进化观。①

以此为根据，从知识与社会的角度来进一步阐释：

　　所谓观念系统，其造成亦就是由于人们的智力上有习惯性。须知凡习惯性的行为都是由社会而造成。可见社会惰性乃即是基于人们心中的知识力本有惰性而更加以集合的社交生活遂造成的。马克思派不重视这个方面的惰性，而以为把经济制度根本改变了自然会把人们的思想格局化了。此说是根据其主张学说理论只为经济结构之上层建筑。不过我以为经济结构改变了以后这个知识的惰力必定依然存在。这亦就是社会改革必有反动之缘故。②

张东荪承认阶级斗争，他曾指出："我们从中立的立场来看，绝对承认阶级的对立是一个事实。因阶级对立是事实，所以阶级奋争亦是事实。我们剥夺现象未取消以前，决不以为阶级斗争是假的。"③关于无产专政，张东荪认为在马克思的文本中蕴含着两个方面的意义：一是马克思以为这个无产专政为社

---

　　①　张东荪：《思想与社会》，辽宁教育出版社1998年版，第229页。
　　②　张东荪：《思想与社会》，辽宁教育出版社1998年版，第230页。
　　③　张汝伦编：《理性与良知——张东荪文选》，远东出版社1995年版，第648页。

会革命上必然的阶段，决不可缺少；二是马克思并不认为无产专制是一个政治制度，只不过是一个过渡的办法而已。在这个过渡时期中专政的政府亦不是无责任的，乃是对于全体无产阶级负责。在张东荪看来，这种理论设想与民主主义精神并不相悖，但当前的实践结果证明这种办法与马克思的原义是不相符的。其根据，一是这样的机关却变成为无责任的政府。因为全体无产人民无法纠问其责任，必变成少数人的专制，而决不是无产者全体阶级的专政。二是社会中人民的不同分工，必然形成不同身份，阶层之间引起经济的不平等的待遇、道德上的异化甚至虐待报复。这种不合理的背后隐藏着张东荪的理论假设，民主、理性、平等、自由四个概念是分不开的。

张东荪提出了"境况决定论"，所谓的境况就"思想者"或"观察者"而言，包括当事者的身体境况、物界的境况、社会文化的境况、历史的境况混合在一起。这种混合的境况决定当事者的真理观。因此，个体的真理观并不仅仅是其知识与对象的直接关系而言，必须在这种境况中综合考虑。在他看来，马克思把境况使其等于阶级，尤其"阶级真理"是荒谬的。他是这样论述的：

须知境况是一个动的观念。其本身是在那里变动着的。所以不能使其固定化。如果固定了，则文化便不在那里活动了。故我把境况等于个人在文化历程中所处的地位与其四围。文化在那里变动，则个人在文化中的环境亦必随着而变动。所以境况一观念根本上不是固定的。既不是固定的便当然说不上是无数个或只有几个。而面观不然。虽是只限于若干个，互相替代。而却就其每一个单独而言，却必是固定的。不过在若干个中那一个出现是决定于思想者所处的境况。……即在某种境况下必然采取某种面观。这个必然关系即所谓决定。①

所谓"面观"是相对于"境况"而言，"境况"强调因各人所处的环境不同，则所见也不同，"面观"是在对象的意义上而言。因其比较抽象，张东荪举例予以说明：

例如以甲与乙的关系为对象而思维之。只能有四种可能的变化。即有甲并有乙（甲乙共存在）；有甲而无乙；与有乙而无甲（即甲乙只存在其一）；及无甲又无乙（二者俱不存在）。这四种可能的变化我们名之曰面观（即方面观）。就是可以从这样的四种方面去观看，以成四个不同的面观。须知这样的方面是有限的。以此例而言，即可知其只有四种，决不能有四种以上。我们名此为"可能的变化"。这种可能的变化是属于对象上的，不是观察者随意

---

① 张东荪：《知识与文化》，岳麓书社 2011 年版，第 104 页。

> 所造的。在这些面观之中，究竟哪一个会出现，自是由于
> 观察者的选择。而这个选择却决定于观察者所处的境况。①

在此基础上，张东荪认为境况决定其利害关系，利害关系影响其思想，但不能仅仅局限于"阶级利害的决定"。在他看来，马克思是社会主义的知识论，境况不仅指当前的境况，而且还包括历史所造成的境况。具体而言，政治制度、社会组织、宗教生活、道德风尚等都与之相关，张东荪将其称为文化境况。从这种意义而言，所谓的境况当然不是一个静的事实、"已成的事实"或独立的永存者，乃是只当作一个"评价历程"而已，即只是一个动的观念。一个境况不仅带着其过去的历史，而且蕴含着未来的趋向。如果能刚刚适合它所前进趋向的那个方向，则这个便是最合乎它所需要的。这个未来的趋向，张东荪称之为"动势"。张东荪对"境况决定论"是比较符合马克思的思想。《德意志意识形态》中说："历史不外是各个世代的依次交替。每一代都利用以前各代遗留下来的材料、资金和生产力；由于这个缘故，每一代一方面在完全改变了的环境下继续从事所继承的活动，另一方面又通过完全改变了的活动来变更旧的环境。"②

"我以为马克斯诚有炯眼，但他的学说却因为表现的文句

---

① 张东荪：《知识与文化》，岳麓书社 2011 年版，第 104 页。
② 《德意志意识形态》，《马克思恩格斯文集》第 1 卷，人民出版社 2009 年版，第 540 页。

不清楚，致令人颇多误会。据我的解释，我以为经济决不是直接致其影响于人们的思想，但经济确是能影响政治。"①"马克斯所讲的则是具体的'意见'。大抵意见是出于本人的'所信'。而其所信却为个人'兴趣'与社会上地位的利害关系所决定。故马克斯之说在这一点完全是对的。"②

　　马克思与黑格尔辩证法之间的关系，一直是学术研究的重点。张东荪有着自己的理解："其实这只是把原来用之于表现形而上的，'绝对的'而改为用之于表示政治社会运动上的'革命'。这一套逻辑是基于'相反律'，但却不是想把对立者成为'合一'。而在于保留对立以便发生'动'与'反动'。故此种相反律却与相反者之合一绝不相同。"张东荪以为，这种逻辑与《老子》中的辩证法有相似之处，表面上是讲"天道"，其实是顺着天道去应付政治社会上的一切变化而获得胜利。据此，张东荪认为恩格斯在《自然辩证法》中所论自然现象有正反合完全是比附，因为这种辩证法是在应付社会运动需要的意义上而言的。唯物辩证法的逻辑出发点在于"变"，反对"同一"，因为同一就是不同一。形而上学的辩证法否认同一而表示超越，社会运动的辩证法否认同一而表示变化，这种不同源于它们所应付的需要不同。逻辑是依所对付的对象而变，具体

---

① 张东荪:《知识与文化》，岳麓书社 2011 年版，第 96 页。
② 张东荪:《知识与文化》，岳麓书社 2011 年版，第 38 页。

而言，传统逻辑的对付是言语，而数理逻辑却不是言语，形而上学的辩证法所对付的是绝对，而社会运动的辩证法却不是绝对。张东荪从文化的视角来理解逻辑：

> 逻辑是应乎文化上某种需要而生的。用言语以辩论，遂有揭发言语中本有的结构之必要，于是乃有传统逻辑。而数理逻辑不能应乎这个需要。形而上学的辩证法是要为了想在理论上说明"绝对"而生的。但社会运动的辩证法不但不能应此需要，并且否认此需要。且简单来说，传统逻辑所用的原则仍是"同一"。符号逻辑所用的原则可说是"关系"，以实际相涵证之，便知此种关系较同一为广。形而上学的逻辑所用的原则是"自身超越"。而辩证法的逻辑所用的原则是"相反"。[1]

以此为出发点，张东荪对 30 年代唯物辩证法论战中的观点有所修正，"如形式逻辑家总以为辩证法不是逻辑而只是一种形而上学；又如唯物辩证法家以为形式逻辑的同一律应得屏弃"[2]。这些观点的片面性，源于把一种逻辑唯一化，然而需要不同与对象不同是无法将其归于一种逻辑。1948 年，张东

---

① 张东荪：《知识与文化》，岳麓书社 2011 年版，第 73—74 页。
② 张东荪：《知识与文化》，岳麓书社 2011 年版，第 74 页。

荪在写《民主主义与社会主义》一文时，他已经相当程度地接受了马克思的社会观和文化观，而这是他在之前所反对的。

（二）西方"道统"中的唯物史观

在张东荪看来，西洋文明是作为一个文化基型或文化单位，而文化的连续性称之为"道统"。具体而言，在源远流长的文化中，表面的部分成为化石、硬壳而死去，内部的部分沉淀下去而成为文化的精神。在这种语境中，基督教与社会主义成为西洋文明发展过程中的一个环节：

> 一、是我认定基督教在本质上其理论是属于"社会主义的"。二、是任何社会主义（马克思主义当然在内）都是具有半宗教的之性质。三、是因为两者各代表西方人实际生活之一方面，就中基督教所代表的尤为广大。但社会主义却在基督教中植其前芽，后来脱颖而出。①

作为西方的道统，基督教与社会主义既是一种制度，又是一种社会理想。根据这种原则，资本主义只是一个制度、一个社会状态，而不是一个理想，更不是理论上的主张。张东荪是

---

① 张东荪：《思想与社会》，辽宁教育出版社 1998 年版，第 167 页。

这样阐述的：

> 须知这种经济学亦只是把经济当作现象来研究，并没
> 有提出一个理想的办法。只可说个人主义的经济学对于现
> 状已有的资本制度有些地方是为之辩护。却决与社会主义
> 不相类，因为集产的社会是社会主义所主张所要求。所以
> 社会主义确是个主义；而所谓资本主义却是个误译。决不
> 可称之为主义，只宜译为资本制度或资本社会。

"社会主义"一词虽然于 1835 年才被提出，但从西方道统
意义来看，社会主义是主流，远在希腊时期即早已有之。张东
荪认为，对社会的分析有两个倾向：一是社会一体性倾向，在
思想上表现为多；二是社会冲突性倾向，在事实上表现为多。一
切社会思想无论是保守的，还是革命的，都是以社会一体为其
原则。道统作为思想的意义即在于促进社会的更加团结，因团
结需要必须内部平均，社会也更趋于平等。在这个意义上而言，
改造社会的理想无不是偏于共产。据此，张东荪又把共产主义
分为消极与积极两类：消极的就是打破分配的不公，积极的即是
如何建立一个均平的制度则各种主张可以不同。西方文化的道
统即是从消极的共产主义而言。社会主义派别虽多，其主张与
内容更是丰富，但集大成者为马克思一派。张东荪试图讨论马
克思主义的三个方面的问题：一是这个思想系统的本来面目究竟

是什么；二是这个主义实际施行时所受不得已的自身变化；三是这个主义所含之真正价值即真理。张东荪认为，马克思主义的要点分为：一为价值论，尤其是剩余价值说；二为唯物史观；三为阶级斗争；四为对演法（Dialactics），此字旧译辩证法；五为无产阶级专政之社会革命说。马克思的学说有着自身的逻辑，其学说自成为一体。"价值论是纯属于经济学；唯物史观是一半属于历史，一半属于社会学，或再可说有些是属于文化哲学；阶级斗争是一般属于经济学即经济史，一半属于社会学；对演法是一半属于哲学，一半属于方法学。属于经济史之部分会牵涉到考古学。至于无产阶级专政一层属于政治学。尚有他的思想为经济之上层建筑说，根据此义足以批评以往的一切思想与学说，皆可目之为反动思想（即有产阶级之思想）而一举推翻之。于是我们便可知道一个马克思主义实包含全部社会科学。"①

据张东荪分析，马克思主义中包含着动机与学说之间的相互矛盾。从动机而言，基于社会平等观念，马克思主义派试图建立一个无阶级的社会。虽然马克思并不否认个人的创造性意义，但个人作用的发挥，必须依赖于社会自身条件的成熟。马克思并不像庸俗的唯物主义一样主张物质产生精神，或者说根本就不注意精神的作用。从这个意义上而言，马克思主张"心物交互作用"。张东荪引述了恩格斯的一段话予以

---

①　张东荪：《思想与社会》，辽宁教育出版社 1998 年版，第 181 页。

证明："人类思想之最初及最重要之基础，并非自然界本身，而系自然界经过人类努力所起之变化。人类智力之发展，视人力所以改变自然界之程度定之。"① 在这里，恩格斯强调人类的智慧与外界的自然是交互的，并不是说精神或意识由物质产生。因此，马克思恩格斯并不是在传统的意义上研究唯物论，而是主客并重，主张心物交互、主客交互。这种交互也包括群体与个体之交互作用在内，即不是个人完全被群体所决定，亦不是群体完全为个人所能改变，乃只是个人有机会可发挥其动力，群体有一定的历程以迎接此个人的动力。张东荪为了论证马克思主义并不反对唯心论，又引用了列宁的观点："止于从简单浅薄形而上学的唯物论观点，可谓唯心论完全荒谬。反之，从辩证的唯物论观点，可谓唯心论将知识之特有的一方面，片面的夸大的表现为神圣的绝对，为脱离物质与自然之事物。"② 根据这样的逻辑前提，可见唯物史观也

---

① 最新版的《马克思恩格斯文集》的译文为："人的思维的最本质和最切近的基础，正是人所引起的自然界的变化，而不仅仅是自然界本身；人在怎样的程度上学会改变自然界，人的智力就在怎样的程度上发展起来。"（恩格斯：《自然辩证法》，《马克思恩格斯文集》第 9 卷，人民出版社 2009 年版，第 483 页）

② 最新版的《列宁选集》译文为："从粗陋的、简单的、形而上学的唯物主义的观点看来，哲学唯心主义不过是胡说。相反地，从辩证唯物主义的观点看来，哲学唯心主义是把认识的某一特征、某一方面、某一侧面，片面地、夸大地、überschwengliches（狄慈根）发展（膨胀、扩大）为脱离了物质、脱离了自然的、神化了的绝对。"（列宁：《谈谈辩证法问题》，《列宁选集》第 2 卷，人民出版社 2012 年版，第 560 页）

并不是把经济的因素作为决定历史文化上其他一切的绝对意义。他再次引证了恩格斯的一段话："假如有人谓经济因素为唯一之决定因素，则渠将经济一名改为抽象的无意义的与可笑的言词矣。各种因素皆互相作用也。"①可见，马恩同时承认经济方面以外传统文化亦有支配力。马克思也说："过去各代之传统，如以梦魇之力压倒世人脑际。"②

　　西方的民主主义既是一个文化，也是一种精神。在张东荪看来，马克思不但不反对民主主义，并且以为民主政治不彻底，必须更进一步把经济的平等与自由加入其间，使成为更大的民主主义。在西方民主主义道统意义上，康德、卢梭、马克思是西方文化的精华，民主主义必然走向社会主义，而真正的社会主义又必以民主主义为其精神。因为民主主义这个概念在其本质上根本就含有社会主义的概念在内。因此，真正的民主主义与真正的社会主义合而为一，将带来一种新的文明。张东荪认同的社会主义，与梁启超、张君劢有共同之处，倾向于社

---

　　①　《马克思恩格斯全集》的译文为："如果有人在这里加以歪曲，说经济因素是唯一决定性的因素，那末他就是把这个命题变成毫无内容的、抽象的、荒诞无稽的空话。经济状况是基础，但是对历史斗争的进程发生影响并且在许多情况下主要是决定着这一斗争的形式的，还有上层建筑的各种因素"。（恩格斯：《致约瑟夫·布洛赫》，《马克思恩格斯全集》第37卷，人民出版社1971年版，第460页）

　　②　最新版的《马克思恩格斯选集》译文为："一切已死的先辈们的传统，像梦魇一样纠缠着活人的头脑。"（马克思：《路易·波拿巴的雾月十八日》，《马克思恩格斯选集》第1卷，人民出版社2012年版，第669页）

会主义的精神，反对苏俄式的社会主义，主张以民主主义作为基础的民主社会主义，最终实现政治民主和经济平等。

二、反形而上学语境中的唯物史观

马克思对西方近代哲学的批判乃是对整个理性形而上学的批判。恩格斯去世后，第二国际很快分裂为"科学"与"伦理"两大阵营。多数马克思主义理论家强调社会主义的客观经济必然性。除坚持"严格"经济决定论的考茨基之外，意大利的拉布里奥拉也宣称马克思主义是一种"严格的和彻底的决定论观念"，坚信共产主义的实现不是"自由意志的结果"而是由客观经济因素所决定的历史必然。① 马克思的女婿、法国与国际工人运动的杰出活动家拉法格甚至直接将其著作命名为《思想起源论——卡尔·马克思的经济决定论》。第二国际理论家们的经济决定论观点表明，由于对形而上学缺乏批判，将唯物史观作为一种知性科学，在经验实证主义的主题上理解马克思主义，这其实是一种幼稚的前康德哲学。与第二国际思想家梅林—普列汉诺夫正统的经济决定论相对的是卢卡奇哲学，其

---

① ［意］拉布里奥拉：《关于历史唯物主义》，杨启潾等译，人民出版社 1981 年版，第 69 页。

以总体性代替经济因素置于历史解释的首要地位。卢卡奇在强调经济因素"作为一种决定一切理论的决定性趋势"的同时，又重视作为历史主体的人的意识特别是无产阶级的意识在趋势转化为现实中的积极作用①，开创了"马克思主义主观化"的先河。②

吴恩裕（1909—1979），著名的政治学家、法学家和《红楼梦》研究专家。1939 年，吴恩裕在英国政治学家拉斯基教授的指导下，完成了《马克思的社会和政治思想的演进——特别参照 1840—1848 时段》（*The Evolution of Marx's Social and Political Ideas with Special R eference to the Period 1840−1848*）博士学位论文。这篇著述，与他 1935 年出版的《马克思的哲学》一书在很多观点上都保持了一致。1945 年，吴恩裕将其博士论文译成中文出版，即《马克思的政治思想》。1948 年，吴恩裕又出版了《唯物史观精义》一书，是对《马克思的政治思想》的具体展开。因此，对吴恩裕教授唯物史观思想的探讨，离不开《马克思的哲学》《唯物史观精义》这两篇重要文献。

哈罗德·拉斯基（Harold Laski），是英国著名的费边主义思想家，1945 年出任工党主席，在中国的知识分子信徒甚多，

---

① 　[匈] 乔治·卢卡奇：《历史与阶级意识》，杜章智等译，商务印书馆 1995 年版，第 313 页。

② 　Ben Agger, *Western Marxism: An Introduction Classical and Contemporary Sources*, California: Goodyear Publishing Company Inc. 1979, P. 234.

如罗隆基、王造时、储安平、张君劢、吴恩裕等。中国的自由
知识分子，一方面意识到资本主义的发展不可避免，另一方
面，又不可抑制地对社会主义怀有偏好。这一思想困境，成为
接受拉斯基的费边主义的动因。拉斯基试图调和资本主义和社
会主义，使之形成一个整体性的社会改造方案，受到自由知识
分子的欢迎。20世纪30年代初，拉斯基受资本主义经济危机、
法西斯上台等形势变化的影响，开始怀疑费边主义而逐渐接受
了马克思主义。吴恩裕也认为，拉斯基"自《国家的理论与实
际》一书以后，几乎没有一本书不具有浓厚而带批判性的马克
思派理论的色调"①。20世纪二三十年代，商务印书馆曾先后翻
译出版了拉斯基的三部代表作:《政治典范》《国家的理论与实
际》《共产主义的批评》。30年代中期，罗隆基、储安平、王造
时、吴恩裕等中国政治学的学者都曾到伦敦大学政治经济学院
求学,40年代储安平办《观察》周刊时，在外国学者的文章中，
以选择拉斯基的最多。拉斯基与当时中国政、学界密切的学缘
关系，使得民主社会主义在民国政治中产生了广泛的影响。

（一）"物"的逻辑出发点：反形而上学的研究方法

吴恩裕对马克思研究的逻辑出发点，是一种激烈的反形而

---

① 吴恩裕:《拉斯基教授从学记》,《客观》1945年第10期。

上学，由此否认了形而上学的思考方法。"唯物论是形而上学中的学说，而唯物史观则是一种历史理论。"①吴恩裕的这一思想立场，从撰写《马克思的哲学》开始就是如此，前后都没有变化。这一思想出发点，有着深刻的历史思想文化背景。

一是有着现代中国思想发展的时代烙印，尤其受到科玄论战的影响。"知识分子号召接受科学的世界观，抛弃传统的生活哲学，是从 20 世纪的头 20 年开始。"②例如，"李大钊通过知识分类而否定马克思主义哲学的形而上学性，把唯物史观理解为一种实证的历史哲学；陈独秀即是通过区分科学与玄学，明确指出马克思主义哲学不是形而上学而是科学，把唯物史观理解为一种真正彻底的社会科学。"③显然，李大钊、陈独秀肯定唯物史观，反对形而上学，把唯物史观看作是具有实证意义的历史哲学或社会科学，从科学意义上理解马克思主义哲学。科学的世界观，在一定程度上影响到吴恩裕的思想倾向。另外，1932 年《1844 年经济学哲学手稿》完整出版，为现代中国知识分子理解马克思主义拓宽了视野。1932 年 12 月，梁实秋等人先后以"莎士比亚论金钱"为题发表了《手稿》中的"货币"

---

① 吴恩裕：《唯物史观精义》，上海观察社 1948 年版，第 1 页。
② 参见 [美] 郭颖颐：《中国现代思想中的唯科学主义（1900—1950）》，雷颐译，江苏人民出版社 1989 年版，第 9 页。
③ 李维武：《二十世纪中国哲学本体论问题》，湖南教育出版社 1991 年版，第 268 页。

片段的译文。1935 年 3 月，柳若水节译的"黑格尔辩证法及哲学一般之批判"收录在上海辛垦书店出版的《黑格尔哲学批判》一书中。这二个译本就内容而言并不完整，但是从译介的时间来看，却几乎与西方同步。李达在深入研究日译本《1844年经济学哲学手稿》的基础上，于 1935 年出版了《社会学大纲》。其中，李达援引《手稿》内容阐发了人类认识能力的辩证过程，提出"我们研究感觉时，不能单从生理学的见地去理解，最重要的是贯彻历史主义"，以及"感觉的发展，由历史的发展水准所决定，由社会的人类之具体的实践所决定"① 等观点。李达对实践观点的阐发有别于苏联的辩证唯物主义，体现出鲜明的中国特色。

二是去英国留学，受到西方马克思主义或多或少的影响。"马克思研究方法的主要特征，是推求一切现象之历史经济动机的方法。"据此，有的学者认为吴恩裕受到第二国际的影响，"将马克思的方法同质于经济决定论"。这一观点，略显武断。20 世纪 20 年代，在苏共和第三国际的支持下，英国共产党成立，苏联马克思主义成为英国共产党的指导思想。1933 年以后，随着纳粹的兴起、西班牙内战的爆发，英国知识分子开始选择共产主义，大批英国知识分子陆续加入英国共产党。他

---

① 李达：《社会学大纲》，汪信砚主编：《李达全集》第 11 卷，人民出版社 2016 年版，第 101 页。

们与英国文化传统相结合，不自觉地突破苏联马克思主义的桎梏，形成了一批有创见的理论成果。例如，多布（Maurice Herbert Dobb）在 1932 年发表《今日之马克思主义》，在他看来，马克思主义就是历史唯物主义，或者说关于历史的唯物主义。据此，他反对把马克思主义作为一种"直觉"或"先验的逻辑"，强调必须通过研究历史经验形成历史认识。[1] 吴恩裕对第二国际的一些观点并不是完全赞成，例如对待马克思的伦理观与道德观问题上，在自序中写道："既不取感情上的赞成态度，也不取感情上的反对态度。我只是对马克思的学说，做纯粹学术的研究。""考茨基的伦理与唯物史观以及拉法格的伦理著述，都是研究马克思伦理思想的著作。可是这两本书，只是根据唯物史观的基本命题，来推论马克思在伦理方面的主张；他们并没有充分地征引马克思自己的话言。因为在马克思的著作中，未找到充分的根据，所以他们'推论'的结果，有时并不能代表马克思自己的伦理观或道德学说。"[2]

形而上学的唯物论追问宇宙的第一原因、实在或本体是"物"或"心"。在这里，"物"或"心"是一单纯的、纯粹的及抽象的概念。吴恩裕认为，"实在"与"非实在"的问题，是经验学派的问题。只有实在与人类活动的关系问题，才是马

---

[1]　Harvey J Kaye, *The British Marxist Historians: An Introductory Analysis*, Cambridge: Polity Press, 1984, pp.25－26.

[2]　吴恩裕：《马克思的哲学》，北平人文书店 1935 年版，第 151 页。

克思认为的哲学问题所在。马克思的哲学观点与传统哲学中的形而上学系统不相同，有两种理解的可能：第一，把传统哲学中的形而上学视为纯粹哲学，而把马克思这一套东西视为一种应用哲学。遗憾的是，有的学者误读了吴恩裕，陷入了这样的理论困境，并把它归之于吴恩裕的观点。"吴恩裕为此还专门举了一个近似逻辑实证主义分析路径的例子：与只是关注 X、Y、Z 一类独立对象（心、物）的形而上学不同，马克思更关心的是改变世界，即通过实践的应用范围（a，即 applications 的简写）使独立的 X、Y、Z 变成 Xa、Ya、Za。"① 在吴恩裕看来，理论哲学与应用哲学在形式上相同，因为它们都有 X、Y、Z 等特征；在理论上，应用哲学与理论哲学互相依赖。因此，马克思的哲学与形而上学的关系，绝不是应用哲学与理论哲学间的关系，而是对整个形而上学的驳斥。第二，马克思的哲学与形而上学为不同的哲学系统。在吴恩裕看来，马克思不但不满于"抽象的范畴"，探求"超经验的实在"等概念，也不满于形上学的思考方法。因此，马克思不是反对形而上学中某一种主义，而是反对整个的形而上学。在这个意义上说，马克思的哲学是不同于形而上学的另外一个哲学系统。

马克思唯物论中的"物"，可以理解为"人类社会发展之

① 张一兵：《论历史唯物主义的物——追述吴恩裕教授〈马克思的政治思想〉》，《中国高校社会科学》2015 年第 3 期。

动因或决定的因素是'XRYRZ'（即生产方法）。"吴恩裕的视域是"物"为由 X、Y、Z 发生关系 R 的关系体，而不是一单纯的东西。显然，用形而上学的标准来批评马克思的"唯物论"，其结果就是把"生产方法"抽象化、概念化。

　　有的学者把吴恩裕的历史唯物主义观归结为："'历史'加'唯物论'的逻辑，如同传统解释构架中那个'辩证法'（黑格尔）加'唯物主义'（费尔巴哈）一样，都是过于外在和简单的拼接。"① 其批评的根据是："马克思认为'历史'和'唯物论'可以联合在一起。从历史和唯物论联合的观点，马克思把历史根本看成一个实践的过程，一个有着固定的取得生活资料方法的，实际存在的人类生活过程。"② 事实上，吴恩裕的"联合"一词，是有所针对性的："当费尔巴哈是一个唯物主义者的时候，历史在他的视野之外；当他去探讨历史的时候，他不是一个唯物主义者。在他那里，唯物主义和历史是彼此完全脱离的。"③ 与历史彼此完全脱离的唯物主义，不仅是"非历史"地看待历史，而且是"非历史"地看待"自然界"，也就是"非历史"地看待全部存在。这种"唯物主义"，就是以"直观"的方式看待人与世界的全部关系的"从前的一切

---

① 张一兵：《论历史唯物主义的物——追述吴恩裕教授〈马克思的政治思想〉》，《中国高校社会科学》2015 年第 3 期。

② 吴恩裕：《马克思的政治思想》，商务印书馆 2008 年版，第 14 页。

③ 《马克思恩格斯选集》第 1 卷，人民出版社 2012 年版，第 158 页。

唯物主义"。①

　　吴恩裕早在《马克思的哲学》一书中就指出："费尔巴哈的唯物论仍然不免是形上学的唯物论（metaphysical materialism，恩格斯语），而马克思的唯物论则是社会的、历史的唯物论，所以两者实在是大有不同。"②在这个意义上而言，吴恩裕认为，马克思的哲学不是一种无机及有机的自然界的哲学。吴恩裕对学术界长期存在的一种观点予以批判，即所谓唯物史观和自然辩证法，就是唯物辩证法这种哲学在历史领域与自然领域的具体化推广。吴恩裕是研究辩证唯物主义代表人物之一，其研究方法是"解析法的新唯物论，此派具有批判的、分析的精神，其作品在新唯物论中，可谓最值得注意的，最有发展的"③。

　　有的学者对吴恩裕的误解的根源是在"历史观"的视域中来阐释和论证历史唯物主义，而不是把"历史唯物主义"视为马克思主义的"新世界观"。孙正聿教授曾撰文指出，如果历史唯物主义仅仅是一种历史观，那么马克思的新的世界观必然是一种超越于唯物主义"历史观"的"世界观"。其结果，"就是把马克思的'世界观'界说为区别于历史唯物主义的'辩证唯物主义'，把马克思的哲学革命解释为创建'辩证唯物主义'，

---

　　①　孙正聿：《历史的唯物主义与马克思主义的新世界观》，《哲学研究》2007年第 3 期。

　　②　吴恩裕：《马克思的哲学》，北平人文书店 1935 年版，第 19 页。

　　③　孙道升：《现代中国哲学界之解剖》，《国闻周报》1935 年第 12 卷第 45 期。

而把历史唯物主义解释为'辩证唯物主义'在历史领域的'推广和应用'"①。

　　20世纪上半叶苏联马克思主义形成一种僵化的经济决定论，宣称"历史的偶然性是没有的"②，其必然性已经被马克思、恩格斯揭示出来了，对个体而言，其主体性和自由意志就是一种奢谈。正是在这个意义上而言，苏联马克思主义的经济决定论中的"决定"一词，正是吴恩裕所批评的把决定解释为"创造"（create）。吴恩裕认为，"创造"需要充足原因，必须每个条件具备，缺一不可；"决定"只需必要原因，被决定者需要决定者为其必要原因。"我们试用符号来表明唯物史观中决定一词的意义。以M代表生产方法，C代表资本主义的，P，Q，R代表政治、法律、道德等。那么唯物史观只是说：一、若有P，Q，R一定得先有M；二、若有Pc，Qc，Rc一定得先有Mc。前一项是说人类社会必先维持其物质的存在，然后才能有政治、法律、道德等生活。后一项是说，若有资本主义性质的政治、法律、道德等现象，一定先已经有了资本主义的生产方法。但这都并不是说政治、法律、道德等现象，都是生产方法所创造的。他们都是根据人性中的特殊需要而产生的。他们的产生，只有其特殊的原因。决定一词既然不

---

①　孙正聿：《历史的唯物主义与马克思主义的新世界观》，《哲学研究》2007年第3期。

②　尼·布哈林：《历史唯物主义》，王子野译，人民出版1985年版，第40页。

等于创造，则一切不必要的误解，自然会消除了。"① 在这里，吴恩裕鲜明地批判了从因果关系来理解马克思的"决定"一词，但还是没有从因果语境中走了出来。显然，对于生产力与生产关系、经济基础与上层建筑，不能作为实体理解，而是事物的一体两面。

（二）"物"的基本含义：生产方法与生产诸力的关系辨析

在吴恩裕看来，唯物史观的主要命题："在社会的发展过程中，人类物质生活的生产方法（即'下层基础'），必然地决定其他社会上层建筑（如政治、道德、法律、宗教、哲学、美术等）的一般的性质。"在这里，唯物史观中的"物"不是实在而抽象的物质，而是功能性的、关系性的生产方法。对此，吴恩裕专门解释说：

> 马克思哲学中之"物"一字是指生产方法，它根本是一件社会事实：其中包括许多成分。形而上学的唯物论可以说："宇宙之终极的或第一的原因，实在，或本体是 X（'物'或'心'）。"此中之 X 即为一单纯的、纯粹的及抽象的概念。而马克思的唯物论则只能说："人类社会发展

---

① 吴恩裕：《马克思的政治思想》，商务印书馆 2008 年版，第 74 页。

之动因或决定的因素是'XRYRZ'（即生产方法）。"此为一由X,Y,Z发生关系R的关系体，而不是单纯的东西。①

何谓"生产方法"，张一兵对此作了词源学上的细致分析：

> 我们发现，这个所谓的生产方法正是吴恩裕对马克思生产方式概念的汉译。他先将马克思所使用的Produktionsweise译成英文中的mode of produktion，然后再将这个mode转译成方法。我认为，吴恩裕将Produktionsweise译作生产方法是不准确的，在马克思那里，这个weise从来就不是指具体的生产劳作技术方法，而是一种总体性的社会生产构序方式。从文本演进的原初语境看，马克思是在《1844年经济学哲学手稿》中第一次使用了生产方式（Produktionsweise）概念，而在《德意志意识形态》中第一次将其标注为历史唯物主义的核心概念。②

上述判断略有武断，"再就生产方法（Die Produktionsweise）中之方法一字，加以证明。Die Weise英译做mode，中译初从日译做形态，比较切合原意。后译方法便有毛病，德文

---

① 吴恩裕：《马克思的政治思想》，商务印书馆2008年版，第54页。
② 张一兵：《论历史唯物主义的物——追述吴恩裕教授〈马克思的政治思想〉》，《中国高校社会科学》2015年第3期。

和英译都可以说表示一种形成物事的方法或形态（The way in which something is done）"①。可以看出，吴恩裕并不愿意把Die Produktions weise 译作"方法"。不得已的原因，是因为当时学界的默认译法。据德国学者李博考证：

> 在《共产党宣言》的日文首译本本（JKM1）中，"Produktions-weise（生产方式）一词译作"seisan hõhõ"。其相应的汉语形式"生产方法"也为 CKM1（1908）采用，并在此后几十年的马克思主义文献中保持了其作为"Produktionsweise"的标准对等词的地位。而在中华人民共和国出版的《资本论》中译本（CKM3）和汉语的《马恩全集》中，"Produktionsweise"则译为"生产方式"。从日语中借来的"方式"一词由意为"方法"的"方"和译为"形式"、"类型"、"模式"的"式"组成，有"方法"、"形式"和"模式"之意。②

由"方法"一词改为"方式"，据李博分析说：

> 马克思在其《政治经济学批判序言》中指出，生产方

---

① 吴恩裕：《马克思的政治思想》，商务印书馆 2008 年版，第 66 页。
② ［德］李博：《汉语中的马克思主义术语的起源和作用》，赵倩等译，中国社会科学出版社 2003 年版，第 186 页。

式包括生产力和生产关系两个方面，二者是辩证关系。中国译者们也许认为"方式"一词更好地体现"生产方法"中的"方法"一词强调该术语动态的一面，它将生产描述成一个过程，而"方法"一词除了表示方法的"方"这一语素外还有另一个表示"形式"、"类型"、"模式"的语素"式"。"方式"同时还指出了生产的静态方面，即生产即是过程，也是各种关系构成的体系。①

　　显然，知识分子一开始就以对马克思的"生产方式"的概念的错误理解为出发点，他们不是将这一名词理解为社会物质生活过程的总和，而仅是单纯的生产活动，甚至把它理解为个人消费的农工业产品制造的也不乏其人。结果是，他们撇开最重要的生产力的人力和畜力以及任何一种社会生产的自然条件不管，就简单地将"生产方式"抑或"生产过程"和技术等量齐观，把生产关系和技术混为一谈。马克思在《哲学的贫困》写道："机器正像拖犁的牛一样，并不是一个经济范畴。机器只是一种生产力。以应用机器为基础的现代工厂才是社会生产关系，才是经济范畴。"②马克思所讲的社会生产包括比通常的

---

　　①　[德]李博：《汉语中的马克思主义术语的起源和作用》，赵倩等译，中国社会科学出版社2003年版，第186—187页。
　　②　马克思：《哲学的贫困》，《马克思恩格斯选集》第1卷，人民出版社2012年版，第241页。

经济术语广大得多的领域。马克思曾在《资本论》第三卷第二部分，表达得更清楚："如果说资本主义生产方式以生产条件的这种一定的社会形式为前提，那么，它会不断地把这种形式再生产出来。它不仅生产出物质的产品，而且不断地再生产出产品在其中生产出来的那种生产关系，因而也不断地再生产出相应的分配关系。"①生产方式是某种社会的基础，不仅是物质生活的方式，而且也是精神生活的关系。

以此为标准，对照吴恩裕的文本，生产方法已包含了动静两种意义，"生产方法是一种'活的单位'，一个'有机的整体'；而生产诸力只是包括劳动力、工具及原料诸此的项目的总称"②。首先，生产诸力与生产方法构成要素一致，即劳动、工具、原料；其次，生产诸力是静的，是未被纳入实践中的死的名词，而生产方法是动的，是要素的有机联合所形成的不可分割的动态体。他依托原著从词汇的表达上和文章的语义上分别对三种要素做了动态与静态的论证分析。

然而，有的学者却认为这是一个极其简单的表面界划。其主要根据就是，吴恩裕忽视了生产关系这个重要环节。遗憾的是，关于对吴恩裕文本的这种讨论仅仅局限于前三章，而吴恩裕对生产关系的讨论却出现在了第四章，并且吴对马克思思想

①　马克思：《资本论》，《马克思恩格斯全集》第 25 卷，人民出版社 1974 年版，第 994 页。

②　吴恩裕：《马克思的政治思想》，商务印书馆 2008 年版，第 66 页。

的研究一以贯之。为什么吴在第三章没有把生产关系与生产方法、生产诸力一起讨论？马克思将生产关系称为"人们在他们的社会生活过程中、在他们的社会生活的生产中所处的各种关系，——具有独特的、历史的和暂时的性质"①。张一兵认为吴恩裕缺少了古典经济学的视野，吴的确构建了一种哲学的语境：一方面是一种历史观，另一方面是一种革命论。"生产关系由人类实践活动中主客体两个方面——社会的主体力量结构与生产力共同生成；生产力与生产关系的矛盾本质上是社会总利益与各个群体的利益目的之间的矛盾，人的解放与转型是这个矛盾的解决途径。"②显然，吴恩裕把生产关系放置到政治学的视野中，去阐发马克思的革命理论。一方面，共产主义的实现是社会发展的内在规定性，由于人类不断改善自己的物质生活的趋向以及由此引发的生产诸力与生产方法的矛盾运动，孕育着新的社会形态。这就是生产诸力对生产方法的促进与阻碍作用。另一方面，共产主义的实现和资本主义的灭亡必须经过暴力的革命手段才能进行，因为生产诸力的发展并不能改变诸如分配所有权的生产关系，在此关系形成的统治阶级——资本家也绝对不会放弃自己的利益交出统治权，因而一场改变生产方法的革命势在必行。

---

① 马克思：《资本论》，《马克思恩格斯全集》第25卷，人民出版社1974年版，第993页。

② 鲁品越：《生产关系理论的当代重构》，《中国社会科学》2001年第1期。

当然，在生产方法的动态体系已经蕴含了生产关系的意义。"在唯物史观里，名词体系表征物质现象，动名词体系表征人类本质力量及其社会关系。动名词体系比名词体系更根本、更重要，反映了实践唯物主义（唯物史观）政治哲学的本质特征。"① 吴恩裕在分析生产诸力"怎样联合"时，注意到了生产方法与分配方法是不能分开的。他引用了马克思的一句话："这种联合（著者按：指劳动力、工具及原料的联合）的特殊方法，乃是区分不同的经济时期的准绳。"在吴恩裕看来，这种所谓"特殊的联合方法"，即包含着分配的问题。例如，在资本主义生产方法中，生产手段（包括生产工具和原料）和劳动力三者的联合，是一种特殊的联合方法。亦即资本家占有生产资料及产品。雇佣劳动者和它们，则没有归属关系。生产方法的不同，受分配关系的影响甚大。

在分析二者的含义之后，吴恩裕提出生产方法是决定社会历史发展的动因，而生产诸力不能对生产方法起决定性的作用，只能促进或阻碍生产方法的发展。就前半句而言，首先，人类历史本身是发展变化的，必先由一个动态的东西作为它的动因，因而生产方法作为动态的人类活动可以成为其动因。另外，个人与社会必须先进行物质生产，才能保证其

---

① 程广云：《从名词体系到动名词体系——唯物史观的一个完整表述》，《哲学研究》2015 年第 1 期。

存在，从而进行其他活动，就这一点而言生产方法作为人类
进行物质生产活动的根本事实就成为社会历史发展的动因。
其次，生产方法的性质决定个人与社会的一般性质，因而生
产方式是社会历史发展的动因。就后半句而言，首先，生产
力的进步或一项科技的进步，如果不被应用，成为生产方法
中的一环，则仍是静止的并不能产生实际效用。其次，生产
方法中包含着分配的问题，即生产诸力如何联合的问题。我
们说一个社会的经济形态，不仅包括生产诸力的问题，更重
要的是这些生产诸力联合之后所构成的人与物、人与人之间
的关系。

　　在这里，吴恩裕的动静论被认为是对生产力的一种误读。
生产力并不是静的死的名词，而是人类社会改造自然世界的能
力，是人类的物质生产活动的首要步骤，因而是决定社会历史
发展的动因。实则，一方面，不能将两组名词一一对应，或者
说不能讲两组名词中的两个词割裂来看，否则就容易产生误解，
应该整体观之。另一方面，吴恩裕所说生产方法应该至少包含
两层含义：一是作为人类社会起点的物质生产活动；二是由此基
础上形成的人与物以及人与人的关系。事实上，这种动静论旨
在突出一种动态的关系，正如人的本质是一切社会关系的总和，
生产方法也强调一种动态的关系，这种关系从人类进行物质生
产时就已经存在。

（三）"物"的价值追求：道德与人性的终极关怀

在吴恩裕的文本语境中，本身内在地包含着人文关怀的维度，这一点应该是没有疑问的。这种人文关怀，深深扎根于20世纪20年代以后的思想文化界。1923年发生的"科学与人生观论战"中科学派与玄学派都未能对人生观问题予以解决。陈独秀提出一种新"科学"——社会科学，可以辩证地统合科学与价值、客观与主观、自由与必然两个看来分裂的层面。陈独秀在《科学与人生观论战·序言》中指出，社会科学既是科学的又是关于人的社会的，它对人类社会生活的探讨，足以发现一些规律，而这些规律可以作为人生问题的指导。据王汎森研究，20世纪20年代左翼刊物中，大多强烈要求人们多看"社会科学"书籍，并宣称虽然它不是一种技术知识，但对于解决人生的问题到改造社会的事业都最有帮助。在这种社会科学的背后隐藏着一定的逻辑关联："发现社会规律→不可抗拒的规律→人生的意义在于顺应这一规律→为人类社会的发展与进步作出贡献"①。人生观与历史观的结合，成为唯物辩证法适应中国社会的思想基础，这也符合中国天人合一的文化背景。"天人合一"的观念是儒家有机式在世界观中的一个最突出的特点，

---

① 王汎森：《后五四的思想变化：以人生观问题为例》，《现代中国思想史论》上卷，上海人民出版社2014年版，第110页。

这个观点蕴含了超越的"实在"内涵于宇宙之内，而人则是整合于这个宇宙中的一部分。在中国文明中，这项颇可灵活变化的观点提供了一个重要的思想资源，根据这个思想资源，人们能够源头活水地处理生命问题。"天人合一"的观念意味着超越的意义内涵于人生之中，意义可由人的努力来发现，而不是由人的意志和思想创造的；人去发现意义的努力绝不会是异化的行为，绝不只是在与盲目、无意义的世界对抗的，主观的自我之内进行。① 这种历史语境，为吴恩裕正确理解马克思提供了精神文化的内在契合。

马克思使用 Ding 与 Sache 两个德文词来表达"物"，一为自然之物，一为社会之物。马克思关心的重点是既具有价值又具有使用价值的"物"，有形有状的物，必须借助于无形无状的社会之物才能呈现和成就自己。也就是说，"物"能否实现，取决于人与人的社会关系，而不是物自身。② 吴恩裕认为，唯物史观是可以应用到解释个人的社会活动，即"个人的生活方法"。所谓的"生活方法"，就是如何取得物质生活中的"生活方法"。"凡人必须先有一个物质的生活方法，即先有一个取得其生活资料的方法，然后才可以有政治、宗教、

---

①　林毓生：《中国传统的创造性转化》，生活·读书·新知三联书店 2011 年版，第 304—305 页。

②　刘森林：《"物"的意蕴：一种历史唯物主义的分析》，《中国社会科学报》2011 年 11 月 8 日。

美术等活动及思想。"① 人的实际生存的，就是"物质的生存"，就是用生活资料所支持的生存。不同的生活方法，便是支配或决定人们思想与行为的力量，也是人性表现的源泉。生活方法是一件经济事实，"人性的表现"自然离不开经济事实。吴恩裕善于引用马克思著作中的话，来阐述其观点的深刻性。在资本主义制度下，个人只是"经济范畴的人格化身，是特殊阶级及阶级利益的标记"。按照这种逻辑，"资本家只是人格化了的资本，他的灵魂，就是资本的灵魂"。因为，"资本只有一个单纯的生命冲动——即其创造价值及剩余价值的趋向"，所谓资本的"人格化身"，即是资本家剥削工资劳动者劳动的活动而已。这也是资本家之为资本家唯一取得生活资料的方法。

据吴恩裕的研究，无论是西方还是中国的伦理学家往往忽视"人"的性质，对"人"只做了形而上学的研究，把一切人都看成是一致的对象。所谓的"性善"与"性恶"，"意志自由"与"命定"，都是一种抽象的研究。依照吴恩裕的解释，马克思不是形而上学地去研究"人"，而是对于"人"有了历史的社会的研究，而这种研究的视角从吴恩裕《马克思的哲学》到《马克思的政治思想》前后保持了一致。具体的人是要生存在一定的历史阶段中，是要生存在基于一定经济基础的社会中。

① 吴恩裕：《马克思的政治思想》，商务印书馆2008年版，第77页。

如果脱离了具体社会的讨论，那么人自然而然即成为抽象的东西。如果把人的理性作为一种根据，来制定道德原则，决不会普遍应用。人除了理性这一共同点，其相异点就是人的社会阶级性。

为了证明这一点，他对马克思的文本进行了细密的研究，在《马克思的政治思想》中的第五章、第六章梳理了马克思对斯宾诺莎、卢梭、康德、边沁的伦理道德学说的批判，通过对康德、边沁的批判建立起解析马克思人性论的思想史语境。因此，张一兵教授批评吴恩裕"错失了一种人本主义与历史唯物主义异质性比较研究的可能"，是一种误判。在吴恩裕看来，马克思人性论所运用方法依然是"推求各种现象或学说之历史的经济动机的方法"。康德的逻辑出发点，伦理学最终必须建筑在形而上学之上，据此认为，道德原则不是建筑在人性上面，乃是先验的原则，犹如纯粹数学及纯粹逻辑中的原则一样。马克思考察了法国革命后德国资产阶级发展的历史，以此分析康德"善意"的理论和这种史实的关系。马克思认为，康德把人们"物质动机化了的意志"，给改成了一个自决的"自由意志"或"意志自身"，而这个抽象的概念应用于事实上，并不会有什么用处。所谓的"善意"，不过是代表某一阶段之"虔诚的希望"，确切地符合德国资产阶级之无力的、艰苦的状态。法国的自由主义，是法国资产阶级的物质动机化了的意志，给已经具有政治、经济发展的资产阶级，求得实际上的政治自由；康德的自由主义，则用道德的概念，来讲政治自由，没有实际的政治意义。马克思对边沁是有所肯定的，"不错，功利学说发挥了所有存在着的关系都与经济联系的概念"，发挥了"用物质的需要及满足此诸需要的方法来说明社会关系"的概念。边沁用经济的概念来说明社会关系，有着马克思方法论的味道。

基于上述的分析，马克思在《资本论》中阐释了对于人性的根本态度："若想知道什么东西对于狗是有用的，我们必须知道狗的性质。这种性质不是由功利原则中所可获得的。把同样的研究应用于人类，则若想依照功利原则对于所有的人类活动、运动、关系等加以判断的人，必须熟知：一般的人性；然后还必须熟知：表现人性的方式在每个历史时期的变化。"在吴恩裕看来，在人性观方面，马克思认为凡人皆具有"一般的人性"，同时也有"人性在每个特殊的历史时代中的变化"。马克思对"一般的人性"的研究，采取外在的观点。他所注意的是表现在社会事实中的人性。在他看来，人性并不是一个先天的、现成的模型。马克思反对抽象的人性，即一个由不合逻辑的思考过程而推演出来的概念。

关于人性的异化，事实上吴恩裕已经注意到了，社会革命是取消阶级的唯一办法。吴恩裕引述了《资本论》中的一段话："社会化的人，那联合生产者，合理地规定着他们与自然界的接触，把自然置于人类支配之下，而不被盲目的自然力量所支配。他们以最少精力的耗用，完成他们的工作。并且他们都处于一种最适合于他们的'人性'的，最对他们的'人性'有价值的情形之下。"阶级的取消，意味着人性的变化，而改变人性在某社会中所表现的特殊"方式"，并不是取消"人性"本身。因此，马克思主张用制度去补充人性，以使不平等的人性在机会上可以大致均等；而私有财产的取消，则可以取消私心。共产主义的实现，最终使得人们"由乖离化了的人，回复了本常的、社会的人性"。马克思说："所有的历史不是别的，只是不断的人性表现方式变化的历史。"

在吴恩裕看来，马克思与恩格斯之间关于"性"的观点是不同的。恩格斯有"生命的生产与再生产"及其"物质需要"两个方面平行的观点。马克思说："生产方法不是被当做仅仅个人物理存在的一种再生产。它还是这些个人们的一种固定的活动，即他们表现其生活的一种固定的涂术，亦即他们固定的生活方法中之一。"表面上看，马克思所谓"个人物理存在的再生产"实即恩格斯所谓"生命的生产与再生产"，而马克思所谓"生活的方法"亦即恩格斯"生命的物质需要"或"生存的手段"。其实，马克思对此的看法不同于恩格斯的指称。马克思在下文中说："真实的，活动着的人们……是受他们的生产诸力的一种固定的发展所决定的……"人既然受生产诸力（即生产方法的分析称谓）的决定，则人的生产自然不能与生产方法或生产诸力平行了。

张东荪、吴恩裕作为这一时期知识分子的代表，以个性化特征的现代形态哲学诠释马克思主义，体现出新的时代精神和民族精神，或曲折或直接回答"中国向何处去"这一时代大问题。冯契先生在考察中国近代哲学发展和变革时曾经指出："研究中国近代哲学，首先要看到这一特点：中国近代史上很多思想家是爱国者，是革命家，他们代表了中华民族的希望，代表了中华民族的优秀传统。他们的热情、意志、思想都集中在解决'中国向何处去'的问题。"[①]1949 年，马克思主义为中国的知识分子和一般民众所普遍接受，纠缠了中国半个世纪之久的主义与信仰的选择有了最终的答案。马克思主义是 19 世纪西方文明的产物，却在 20 世纪的东方引发了一场伟大的变革。马克思主义与半东方社会的俄罗斯文化结合，产生了列宁主义；进一步与中华文化融合，形成了毛泽东思想。正是因为现代中国知识分子在马克思主义哲学领域作出种种努力，促进了马克思主义与中华优秀传统文化的融合，并使这种中国化的马克思主义渗透着西方辩证唯物论的精神，也洋溢着中国气派和中国风格，重塑了现代中国，获得了广大中国人民的接受与认同。

---

① 冯契：《古今、中西之争与中国近代哲学革命》，《上海社会科学院学术季刊》1985 年第 1 期。

结　语

　　现代中国，知识分子群体与政治团体均不同程度地参与了对马克思主义的思想史建构。由于学科背景和政治立场的差异，其所建构的马克思主义意义存有分殊，展现了其中各自独特的话语特征和对马克思主义的不同理解。关于现代中国知识分子对马克思主义的研究，本书所涉及的领域只是冰山一角，历史的真相远比我们书写的要复杂得多。回归马克思主义中国化的场景，走向历史的深处，现代中国知识分子的研究远远不只是一种研究，而且蕴含着对那个时代的政治、经济、社会、文化等因素的思考，也是对未来中国出路的一种探寻。马克思主义中国化，既是中国文化对马克思主义的消化、吸收乃至创新，也是马克思主义对中国文化的解构与建构，并指导解决中国革命与建设等实践问题的过程。因此，马克思主义中国化是马克思主义化中国和中国化马克思主义两个过程的辩证统一。在一定意义上而言，马克思主义中国化，不仅是马克思主义者在积极传播与研究，同时也受到诸多知识分子的特别关注和深入研究。在这里，我们仅就当前马克思主义中国化谈几点看法，作为历史的总结与未来的展望。

不断推进马克思主义中国化，必须坚持马克思主义对其他社会思潮的引领。真正的哲学是思想中的时代，是时代精神的精华。现代中国知识分子之所以关注马克思主义，是因为马克思主义哲学顺应了中国思想文化在 20 世纪的发展。瞿秋白曾指出哲学与社会思潮之间的关系："哲学的思潮往往是时代的人生观变易之际的产物。譬如法国革命前的百科全书派，启蒙学派，或是欧战前后的复古思潮，都是社会制度根本动摇时的影响。然而每一时代新旧交替之际，各派思想的争辩都含有阶级的背景。"①显然，哲学在意识形态斗争中处于核心的地位，正如马克思所说："理论只要说服人，就能掌握群众；而理论只要彻底，就能说服人。所谓彻底，就是抓住事物的根本"。哲学善于抓住事物的根本，揭示其中的矛盾，往往是一个时代的风向标。福山承认了关于社会主义的误判并作出一定的修正。但是，无论在国际舞台中讲中国故事，还是在国内引领社会思潮，都离不开中国哲学社会科学的建构。一定时期社会思潮的盛行都是这个社会发展中矛盾的必然反映。面对社会思想观念和价值取向日趋活跃、主流和非主流同时并存、社会思潮纷纭激荡的新形势，马克思主义要

① 瞿秋白：《实验主义与革命哲学》，《新青年》1924 年第 3 期。

坚持在意识形态中的指导地位，必须要加强对马克思主义哲学的研究。然而，当前学界的研究却滞后于党的创新理论的步伐，习近平总书记在哲学社会科学工作座谈会上指出，我国哲学社会科学领域还存在"学科体系、学术体系、话语体系建设水平总体不高，学术原创能力还不强"，值得我们研究人员深思。

不断推进马克思主义中国化，必须坚持使马克思主义成为人民大众安身立命的价值追求。马克思主义大众化的根本目标就是要掌握意识形态话语权，掌握意识形态话语权需要理论上的逻辑严密性与价值正当性，而这必须通过哲学提供支撑；同时，也需要具有实践上的现实合理性与话语权威性，而这必须以意识形态的主体知行合一作为基础。谭辅之曾在《最近的中国哲学界》一文中指出：

> 一九二八至一九三二年一短短的时期中，除了普罗文学的口号而外，便是唯物辩证法和唯物史观之介绍。这是新书业的黄金时代。在这时，一个教员或一个学生书架上如果没有几本马克斯的书，总要被人瞧不起的。不过，这个时候，所谓新哲学，也不过完全是介绍和搬运，不加选择，未经消化，胡乱地吞一些到肚子里去就是了。至所介绍的，有些倒是第二把手的，（如布哈林之唯物史观便是其一），是大纲式的通俗读本，主要著作，反鲜译述。

　　总之，这时期完全是介绍时期。①

　　由于马克思主义哲学受到大众的欢迎，被称为"新哲学"。这一时期的马克思主义大众化并不只是艾思奇手捧《大众哲学》的孤军奋战，而是有很多学者在从事这一工作，既包括艾思奇、胡绳、陈唯实、张如心、李平心等马克思主义者，也包括李石岑、陈瑞志②、黄特③、平生④、公直⑤等学者。其中影响最大的是黄特，他的《新哲学谈话》堪比艾思奇的《大众哲学》。它的定位是，"介于最通俗的新哲学的入门读物以及比较深化的新哲学读物之间的一种读物"⑥。显然，作为20世纪显学的马克思主义，在深深地影响着中国社会与中国民众。尽管，在新中国成立前的很长一段时期内，一些马克思主义者从客观来讲，理论水平并不高，在学术界也不是名师大家，却在搅动着中国思想文化界的大局。对这一问题的反思，答案有很多种。

---

　　①　谭辅之:《最近的中国哲学界》,《文化建设》1937年第3卷第6期。

　　②　陈瑞志,进步学者,1934年出版《现代社会科学讲话》,1935年已出至第3版,很受大众欢迎。

　　③　黄特,生平无考。据台湾诗人纪弦在《纪弦回忆录》(台北出版社、联合文学出版社2001年版)的第十四章"重返沦陷区的上海"中的记录,写过《复圣颜子思想研究》的台湾学者黄绍祖1940年前后在上海以黄特为名活动过,说他曾经相信共产党而后又脱离。

　　④　平生,生平不详,出版《新哲学读本》一书,是《大众哲学》的绝佳仿作。

　　⑤　公直,生平不详,1940年编译出版《大众哲学讲话》。

　　⑥　黄特:《新哲学谈话·自序》,新人出版社1940年版,第1页。

但一个重要的原因，就是马克思主义的广泛传播，在社会中有着广泛的思想文化基础。当前，一些社会思潮之所以有着广泛的影响，我们不难想象，随着网络时代的到来，它们也有着广泛的思想文化基础。在社会转型期人们思想文化的选择性、多变性、差异性增强的背景下，马克思主义面对各种错误思潮的攻击质疑，从根本上来讲是通过其解释功能与批判功能破解人们的思想中存在的思想困惑。

不断推进马克思主义中国化，必须坚持使马克思主义与中华文化之间相互融合。无论何种思想文化，传入中国都要经历一个中国化的过程，佛教如此，马克思主义也如此。习近平总书记在庆祝中国共产党成立一百周年大会上深刻指出，坚持把马克思主义基本原理同中国具体实际相结合、同中华优秀传统文化相结合。中华民族是世界上伟大的民族，在五千多年源远流长的文明历史中，形成了灿烂辉煌的中华优秀传统文化。这是中华民族的精神命脉，潜移默化地影响着人们的思想方式和行为方式，为中华民族生生不息、发展壮大提供了丰厚滋养，也为马克思主义在中国生根、开花、结果提供了肥沃土壤。在马克思主义中国化的过程中，中国思想家创造性地发展了马克思主义，这就使得中国文化与马克思主义融合在一起，并且成为我们理解马克思主义的一种特有的思维方式。例如，陈独秀曾在《科学与人生观论战》的序文中，把马克思主义经典文献中的"决定"理解为"创造"，他以为经济是父母，其他政治、

教育、道德、哲学、美术等是子女。其实，"决定"一词，是
必要条件；"创造"一词，是充分必要条件。经济基础决定上
层建筑，是指经济基础变了，上层建筑也会随之改变，而并不
是说资本主义性质的政治、法律、道德等现象，都是经济所创
造的。陈独秀的这种学术误读，源于中国知识分子试图减轻面
对西方时的自卑感，而把"决定"误读为"创造"，使得中国
改变积贫积弱成为可能，满足了中国与西方平等化的渴望。

　　马克思主义与中华文化基本精神之间的契合，成为现代中
国知识分子重视马克思主义研究的一个重要原因。在中国古代
血缘社会，为个体提供了道德实践的可能性，而近代社会，社
会公共空间的出现为道德实践提供了可能。"群"代表了一种
新的社会秩序，也是中国近代以来社会公共秩序、公共空间的
出现。这样，在近代中国"社会"观念存在着两种不同的价值
取向："一种是对应绅士公共空间的意识，另一种是认同平民
价值的社会主义。当绅士空间占主导地位时，'社会主义'是
受压制的；一旦绅士公共空间解体，其价值取向被否定，'社
会'背后的社会主义价值意识就会浮现出来"①。在马克思主义
传入中国的过程中，也许马克思主义者与非马克思主义者信
仰不同主义，但他们都赞成社会主义好；李大钊与胡适立场不

---

　　①　金观涛、刘青峰：《从"群"到"社会"、"社会主义"——中国近代公共
领域变迁的思想史研究》，《中央研究院近代史研究所集刊》2002 年第 35 期。

同，但他们都是民族主义者，都希望中华民族屹立于世界民族之林。在 20 世纪 30 年代，无论何种外来思想，都面临着中国化、具体化的时代课题。然而，都如昙花一现似的在历史舞台中谢幕了，只有马克思主义植根于中华文化的沃土，实现了马克思主义的中国化。

不断推进马克思主义中国化，必须坚持丰富发展马克思主义方法论。习近平总书记在纪念马克思诞辰 200 周年大会上深刻指出："马克思主义始终是我们党和国家的指导思想，是我们认识世界、把握规律、追求真理、改造世界的强大思想武器。"① 方法论的根本价值在于指导实践，实践的观点是马克思主义认识论的基本观点，实践性是马克思主义理论区别于其他理论的显著特征。早在 1921 年，施存统就马克思主义与中国的关系指出："所以我们在中国主张马克思主义，实在没有违背马克思主义底精髓，乃正是马克思主义精髓底应用。我们狠知道：如果在中国实行马克思主义，在表面上或者要有与马克思所说的话冲突的地方；但这并不要紧，因为马克思主义底本身并不是一个死板板的模型。所以我以为我们只要遵守马克思主义底基本原则就是了；至于枝叶政策，是不必拘泥的。"②1935年 12 月，中共中央政治局通过的《中共中央关于目前政治形

---

① 习近平：《在纪念马克思诞辰 200 周年大会上的讲话》，人民出版社 2018年版，第 15 页。

② 存统：《马克思底共产主义》，《新青年》1921 年第 4 期。

势与党的任务的决议》对马克思主义中国化作出分析:"基本的是由于不会把马克思列宁斯大林主义活泼的运用到中国的特殊的具体环境去,而把马克思列宁斯大林主义变成死的教条"①。毛泽东在《反对主观主义和宗派主义》中指出,中央研究组要研究马克思主义的思想方法论。②1941 年 9 月,王稼祥提出"思想问题成为政治局今后的主要业务,今后政治局要以思想领导为中心",并批判了机械唯物论和主观主义的思想方法论。③习近平总书记强调,"坚持以马克思主义为指导,最终要落实到怎么用上来。'凡贵通者,贵其能用之也。'"④一部马克思主义发展史就是马克思、恩格斯以及他们的后继者们不断根据时代、实践、认识发展而发展的历史,是不断吸收人类历史上一切优秀思想文化成果丰富自己的历史。新时代坚持和发展新时代中国特色社会主义,必须像习近平总书记所强调的那样,坚持和运用辩证唯物主义和历史唯物主义的世界观和方法论,坚持和运用马克思主义立场、观点、方法,坚持用宽广视野吸收

---

① 《中共中央关于目前政治形势与党的任务的决议》,《建党以来重要文献选编(一九二一——一九四九)》第 12 册,中央文献出版社 2011 年版,第 547 页。

② 毛泽东:《反对主观主义和宗派主义》,《建党以来重要文献选编(一九二一——一九四九)》第 18 册,中央文献出版社 2011 年版,第 594 页。

③ 王稼祥:《政治局要以思想领导为中心》,《建党以来重要文献选编(一九二一——一九四九)》第 18 册,中央文献出版社 2011 年版,第 595 页。

④ 《习近平关于社会主义文化建设论述摘编》,中央文献出版社 2017 年版,第 78 页。

人类创造的一切优秀文明成果,坚持在改革中守正出新、不断超越自己,在开放中博采众长、不断完善自己,不断深化对共产党执政规律、社会主义建设规律、人类社会发展规律的认识。

主要参考文献

［德］马克思:《哲学的贫困》,《马克思恩格斯选集》第 1 卷,人民出版社 2012 年版。

［德］ 马克思:《资本论》第 1 卷,人民出版社 2004 年版。

［德］ 恩格斯:《恩格斯致瓦·博尔吉乌斯》,《马克思恩格斯选集》第 4 卷,人民出版社 1995 年版。

［德］ 恩格斯:《路德维希·费尔巴哈和德国古典哲学的终结》,《马克思恩格斯选集》第 4 卷,人民出版社 2012 年版。

［德］ 恩格斯:《恩格斯致瓦·博尔吉乌斯》,《马克思恩格斯选集》第 4 卷,人民出版社 1972 年版。

［德］ 恩格斯:《致卡尔·考茨基》,《马克思恩格斯选集》第 4 卷,人民出版社 2012 年版。

［德］ 马克思、恩格斯:《马克思恩格斯文集》第 1 卷,人民出版社 2009 年版。

［德］ 马克思、恩格斯:《马克思恩格斯选集》第 2 卷,人民出版社 2012 年版。

［德］ 马克思、恩格斯:《马克思恩格斯选集》第 3 卷,人

民出版社 2012 年版。

列宁：《唯物主义与经验批判主义》，《列宁选集》第 1 卷，人民出版社 2012 年版。

列宁：《谈谈辩证法问题》，《列宁选集》第 2 卷，人民出版社 2012 年版。

列宁：《论战斗唯物主义的意义》，《列宁选集》第 4 卷，人民出版社 2012 年版。

《毛泽东文集》第三卷，人民出版社 1996 年版。

《毛泽东选集》第三卷，人民出版社 1991 年版。

[美] 阿里夫·德里克：《革命与历史——中国马克思主义历史学的起源，1919—1937》，江苏人民出版社 2010 年版。

[英] 埃里克·霍布斯鲍姆：《如何改变世界：马克思和马克思主义的传奇》，中央编译出版社 2014 年版。

[加] 艾伦·伍德：《民主反对资本主义》，重庆出版社 2007 年版。

艾思奇：《从新哲学所见的人生观》，《艾思奇全书》第一卷，人民出版社 2006 年版。

艾思奇：《二十二年来中国哲学思潮》，《艾思奇文集》第一卷，人民出版社 1981 年版。

[英] 爱丁顿：《物理世界之本质》，谭辅之译，辛垦书店 1934 年版。

[美] 伯纳尔：《一九〇七年以前中国的社会主义思潮》，

丘权政、符致兴译，福建人民出版社 1985 年版。

[美] 伯特尔·奥尔曼：《辩证法的舞蹈——马克思方法的步骤》，田世锭、何霜梅译，高等教育出版社 2006 年版。

蔡尚思：《两年来之中国思想界》，《蔡尚思全集·蔡尚思外集》，上海古籍出版社 2005 年版。

蔡元培：《社会主义史序》，林代昭、潘国华编：《马克思主义在中国——从影响的传入到传播》下册，清华大学出版社 1993 年版。

Charlotte Furth（傅乐诗）：《丁文江：科学与中国新文化》（*Tinge Wen-chiang: Science and China's New Culture*, Cambridge, Mass: Harvard Uniersity Press, 1970），cha. 8, pp. 280-289。

Cheng Hsueh-chia, "A Brief Account of the Introduction of Karl Marx's works in to China", *Issues and Studies*, November 1967.

陈豹隐：《社会科学研究方法论》，好望书店 1932 年版。

陈博贤：《劳动与资本》，《晨报》1919 年 5 月 9 日至 1919 年 6 月 1 日。

陈博贤：《马氏资本论释义》，《晨报》1919 年 6 月 3 日至 1919 年 6 月 11 日。

陈独秀：《答张君劢及梁任公》，《陈独秀文章选编》（中），生活·读书·新知三联书店 1984 年版。

陈高庸：《中国思想史上的方法论争——从中国过去的思

想方法论争说到中国本位文化讨论中的思想方法问题》，《文化建设》，1935 年第 1 卷第 10 期。

陈高傭：《思想与方法》，《申报月刊》1933 年第 2 卷第 1 期。

陈铭枢：《"神州国光社"后半部史略》，《陈铭枢纪念文集》，团结出版社 1989 年版。

陈能治："黄埔建校初期中共分子的渗透活动"，《黄埔建校六十周年论文集》（上），"国防部"史政编译局 1984 年版。

陈之迈：《研究社会科学必须先有立场吗?》，《独立评论》1937 年第 244 期。

程广云：《从名词体系到动名词体系——唯物史观的一个完整表述》，《哲学研究》2015 年第 1 期。

邓叔耘：《马克思主义与爱国主义》，《醒狮》周刊第 163 期，1927 年 11 月。

邓晓芒：《论中西本体论的差异》，《世界哲学》2004 年第 1 期。

邓中夏：《思想界的联合战线问题》，《中国青年》1924 年第 15 期。

[美] 杜赞奇：《从民族国家拯救历史：民族主义话语与中国现代史研究》，王宪明等译，江苏人民出版社 2009 年版。

斗南：《文学论与马克思主义之关系》，《京报》1931 年 5 月 23 日。

法舫：《编辑后记》，《海潮音》1937 年第 7 期。

范寿康：《马克思的唯物史观》，《东方杂志》1921 年第 18 卷第 1 号。

范寿康：《哲学的两个基本方向——观念论与唯物论》，《国立武汉大学文哲季刊》1933 年第 3 卷第 1 号。

范寿康：《哲学通论》，中华书局 1935 年版。

［美］费正清编：《剑桥中华民国史：1912—1949 年》上卷，杨品泉等译，中国社会科学出版社 1994 年版。

［美］费正清、费维恺编：《剑桥中华民国史：1912—1949 年》下卷，刘敬坤等译，中国社会科学出版社 1994 年版。

［美］费正清：《伟大的中国革命》，刘尊棋译，世界知识出版社 2000 年版。

冯友兰：《三松堂自序》，生活·读书·新知三联书店 1984 年版。

傅统先：《辩证法与唯物论是可以综合的吗?》，《文哲》1939 年第 1 卷第 9 期。

高清海、孟宪忠：《20 世纪哲学意识及当代中国哲学取向》，《光明日报》1989 年 3 月 20 日。

高瑞泉：《天命的没落——中国近代唯意志论思潮研究》，上海人民出版社 2007 年版。

耿云志：《胡适年谱》，《胡适研究论稿》，四川人民出版社 1985 年版。

［美］格里德：《胡适与中国的文艺复兴——中国革命中的

自由主义（1917—1937）》，江苏人民出版社 2010 年版。

顾颉刚：《古史辨·第四册·顾序》，上海古籍出版社 1981 年版。

[美] 郭颖颐：《中国现代思想中的唯科学主义（1900—1950)》，雷颐译，江苏人民出版社 1989 年版。

郭湛波：《辩证法研究》，景山书社 1930 年版。

郭湛波：《近五十年中国思想史》，上海古籍出版社 2010 年版。

郭湛波：《中国辩证学的进展及其趋势》，《百科杂志》1932 年创刊号。

Harvey J Kaye, *The British Marxist Historians: An Intruductory Analysis*, Cambrodge: Polity Press, 1984.

[德] 亨利希·库诺：《马克思的历史、社会和国家学说——马克思的社会学的基本要点》，上海译文出版社 2014 年版。

何萍：《20 世纪马克思主义哲学：东方与西方》，人民出版社 2012 年版。

何萍、李维武：《马克思主义中国化探论》，人民出版社 2002 年版。

[日] 河上肇：《社会主义底进化》，施存统译，《社会经济丛刊》（一），泰东图书局 1933 年版。

贺麟：《答谢幼伟兄批评三点》，《哲学与哲学史论文集》，商务印书馆 1990 年版。

贺麟：《五十年来的中国哲学》，上海人民出版社 2012 年版。

贺麟：《黑格尔哲学讲演集》，上海人民出版社 1986 年版。

侯外庐：《杜国庠文集序》，《杜国庠文集》，人民出版社 1962 年版。

侯外庐：《韧的追求》，生活·读书·新知三联书店 1985 年版。

胡明复：《近世科学的宇宙观》，《科学》1915 年第 1 卷第 3 号。

胡绳：《建设社会主义，要吸取人类以往的全部文化——在"顾颉刚先生诞辰一百周年学术讨论会"上的讲话》，《中华文化论坛》1994 年第 1 期。

胡绳：《论近两年来的思想和文化》，《胡绳全书》，人民出版社 1998 年版。

《胡适文选》，北方文艺出版社 2013 年版。

胡适：《答陈独秀先生》，《科学与人生观》，岳麓书社 2012 年版。

胡适：《介绍我自己的思想》，《新月》1930 年第 3 卷第 4 期。

胡适：《科学与人生观序》，《科学与人生观》（上），上海亚东图书馆 1923 年版。

胡适：《四论问题与主义——论输入学理的方法》，《每周评论》第 37 号，1919 年 8 月 31 日。

胡适：《问题与主义》，见欧阳哲生编：《胡适文集》第 2 册，北京大学出版社 2013 年版。

胡适：《我们对于西洋近代文明的态度》，《胡适作品集》第 2 册，台北远流出版公司 1988 年版。

胡适：《新文化运动与国民党》，《人权论集》，中国长安出版社 2013 年版。

黄凌霜：《马克思学说的批评》，《新青年》第 6 卷第 5 号，1919 年 5 月。

黄特：《新哲学谈话·自序》，新人出版社 1940 年版。

J.B.Haldane：《唯物辩证法与自然科学》，孙克定译，《理论与现实（重庆）》1939 年第 1 卷第 1 期。

J.Levenson, *Confucian China and Its Modern Fate*, vol.3, Berkeley and Los Angeles: University of California Press,1968.

［英］杰弗里·巴勒克拉夫：《当代史学主要趋势》，杨豫译，上海译文出版社 1987 年版。

金观涛、刘青峰：《从"群"到"社会"、"社会主义"——中国近代公共领域变迁的思想史研究》，《中央研究院近代史研究所集刊》2002 年第 35 期。

金观涛、刘青峰：《观念史研究：中国现代重要政治术语的形成》，法律出版社 2009 年版。

金观涛、刘青峰：《开放中的变迁——再论中国社会超稳定结构》，法律出版社 2011 年版。

金观涛、刘青峰：《中国现代思想的起源：超稳定结构与中国政治文化的演变》，法律出版社 2011 年版。

金岳霖：《唯物哲学与科学》，《晨报副刊》1926 年 6 月 14 日。

君素：《一九二九年中国关于社会科学的翻译界》，《新思潮》月刊 1930 年第 2、3 期。

［英］康福特，马特译：《马克思主义与哲学》，《理论与现实丛刊》1948 年第 3 期。

［美］柯文：《在中国发现历史——中国中心观在美国的兴起》，林同奇译，中华书局 1989 年版。

蓝公武：《再论社会主义》，《改造》第 3 卷第 11 号，1921 年 6 月。

雷颖：《孤寂百年：中国知识分子十二论》，广西师范大学出版社 2015 年版。

雷仲坚：《辩证法与进化论在历史上及在理论上之比较的研究——评胡适博士论辩证法》，《新社会杂志》1931 年第 1 卷第 2 期。

［德］李博：《汉语中的马克思主义术语的起源和作用》，赵倩等译，中国社会科学出版社 2003 年版。

李景汉：《中国农村问题》，商务印书馆 1937 年版。

李丽：《科学主义与马克思主义在中国的出场境遇》，《科学技术与辩证法》2006 年第 6 期。

李天华、郭广迪：《民国时期非马克思主义经济学文献中的唯物史观（1927—1937）》，《贵州社会科学》2016 年第 3 期。

李维武：《20 世纪中国哲学本体论问题》，湖南教育出版社 1991 年版。

李毅：《中国马克思主义与现代新儒学》，天津教育出版社 2007 年版。

李泽厚：《历史本体论·己卯五说》，生活·读书·新知三联书店 2003 年版。

李泽厚：《中国现代思想史论》，天津社会科学院出版社 2003 年版。

李长之：《我之〈唯物史观〉观》，《时代精神》1941 年第 5 卷第 1 期。

梁启超：《饮冰室合集·文集》第 5 册第 23 卷，中华书局 1941 年版。

梁漱溟：《东西文化及其哲学》，《梁漱溟全集》第 1 卷，山东人民出版社 1989 年版。

林毓生：《中国传统的创造性转化》，生活·读书·新知三联书店 2011 年版。

刘森林：《"物"的意蕴：一种历史唯物主义的分析》，《中国社会科学报》2011 年 11 月 8 日。

刘森林：《历史唯物主义：现代性的多层反思》，中山大学出版社 2016 年版。

刘岳兵:《"日本马克思主义":民国时期中国学界回望》,《读书》2012 年第 1 期。

鲁品越:《生产关系理论的当代重构》,《中国社会科学》2001 年第 1 期。

罗鸿诏:《唯物论及其批判》,《暨南学报》1936 年第 1 卷第 1 期。

罗鸿诏:《现代史观之五派》,《生力(南京)》1933 年第 5 期。

罗素:《自由与组织》,陈瘦石等译,商务印书馆 1932 年版。

马君武:《社会主义与进化论比较》,《译书汇编》1903 年第 11 期。

马哲民:《精神科学概论》,新生命书局 1930 年版。

毛子水:《〈驳新潮国故和科学的精神〉篇订误》,《新潮》1919 年第 2 卷第 1 号。

[美] 莫里斯·迈斯纳:《李大钊与中国马克思主义的起源》,中共党史资料出版社 1989 年版。

牟宗三:《哲学的用处》,《牟宗三先生全集》第 23 册,台北联经出版事业股份有限公司 2003 年版。

牟宗三:《理则学》,江苏教育出版社 2006 年版。

牟宗三:《文化建设的道路——现时代文化建设的意义》,《牟宗三先生全集》第 23 册,台北联经出版事业股份有限公司

2003 年版。

慕鸥：《唯物辩证的思维方法》，《研究》1932 年第 1 期。

彭国翔：《牟宗三对唯物辩证法和唯物史观的批判》，《思想与文化》2012 年第 12 辑。

彭明：《五四运动史》，人民出版社 1984 年版。

萍寄：《唯物的辩证法与辩证法唯物论》，《渭潮》1930 年第 5 期。

普列汉诺夫：《恩格斯〈费尔巴哈与德国古典哲学的终结〉一书俄译本第二版的译者序言》，《普列汉诺夫哲学著作选集》第 3 卷，生活·读书·新知三联书店 1962 年版。

普列汉诺夫：《唯物主义史论丛》，《普列汉诺夫哲学著作选集》第 2 卷，生活·读书·新知三联书店 1961 年版。

乔清举等：《多元理性的碰撞与选择——二十世纪三四十年代哲学论辩》，百花洲文艺出版社 2012 年版。

瞿秋白：《瞿秋白论文集》，重庆出版社 1995 年版。

瞿秋白：《赤都心史》，东方出版社 2015 年版。

瞿秋白：《国民运动中之阶级分化》，《新青年》1926 年 3 月 25 日。

瞿秋白：《实验主义与革命哲学》，《新青年》1924 年第 3 期。

瞿秋白：《唯物论的宇宙观概说》，《新哲学—唯物论》，原野出版社 1949 年版。

瞿秋白：《自由世界与必然世界》，《瞿秋白选集》，人民出版社 1985 年版。

任鸿隽：《何为科学家》，《科学》月刊 1919 年第 4 卷第
10 期。

[美] 史华慈：《关于中国思想史的若干初步考察》，韦政通
编：《中国思想史方法论文选集》，上海人民出版社 2009 年版。

[美] 史华慈：《中国的共产主义与毛泽东的崛起》，陈玮
译，中国人民大学出版社 2013 年版。

斯大林：《无政府主义还是社会主义?》，《斯大林全集》第
4 卷，人民出版社 1953 年版。

孙道升：《现代中国哲学界之解剖》，《国闻周报》1935 年
第 12 卷第 45 期。

孙建华：《马克思主义中国化思想通史》，人民出版社 2019
年版。

孙正聿：《历史的唯物主义与马克思主义的新世界观》，《哲
学研究》2007 年第 3 期。

《孙中山全集》第 9 卷，中华书局 1986 年版。

谭辅之：《最近的中国哲学界》，《文化建设》1937 年第 3
卷第 6 期。

汤钟灵：《现代科学中的观念论及其批评》，《中山文化教
育馆季刊》1937 年第 4 卷第 2 期。

陶希圣：《中国今日的思想界》，《中国近代思想家文库·陶
希圣卷》，中国人民大学出版社 2014 年版。

汪晖：《现代中国思想的兴起》下卷，生活·读书·新知三联书店 2015 年版。

王汎森：《后五四的思想变化：以人生观问题为例》，《现代中国思想史论》上卷，上海人民出版社 2014 年版。

王风喈：《中国教育史大纲》，商务印书馆 1928 年版。

王静：《自然辩证法·历史唯物论与辩证唯物论》，《哲学》1941 年第 6 期。

王礼锡：《论战第二辑序幕》，《读书杂志》1932 年第 2、3 期。

王民：《唯物辩证法批判·前言》，国民图书出版社 1944 年版。

王学典：《现代学术史上的唯物史观——论作为"学术"的马克思主义》，《山东社会科学》2004 年第 11 期。

王宜昌：《中国社会史短论》，《读书杂志》1931 年第 4、5 期合刊。

王远义：《宇宙革命论：试论章太炎、毛泽东、朱谦之和马克思四人的历史与政治思想》，《现代中国思想的核心观念》，上海人民出版社 2011 年版。

魏嗣銮：《辩证法与唯物史观》，《唯物辩证法论战》下卷，北平民友书局 1934 年版。

Wen-chiang, *Science and China's New Culture*, Cambridge, Mass: Harvard Uniersity Press,1970.

温乐群、黄冬娅：《二三十年代中国社会性质和社会史论战》，百花洲文艺出版社 2004 年版。

吴恩裕：《马克思的哲学》，北平人文书店 1935 年版。

吴恩裕：《马克思的政治思想》，商务印书馆 2008 年版。

吴恩裕：《评罗素"论辩证唯物论"》，《国闻周报》1935 年第 12 卷第 16 期。

吴恩裕：《唯物史观精义》，上海观察社 1948 年版。

吴念慈、柯柏年、王慎名：《新术语词典》，上海南强书局 1932 年版。

伍启元：《自五四运动后吾国学术思想之蜕变(续三)》，《青年进步》1932 年第 150 期。

伍启元：《中国新文化运动概观》，现代书局 1934 年版。

萧超然：《北京大学与五四运动》，北京大学出版社 1995 年版。

谢幼伟：《唯物论述评》，《思想与时代月刊》1943 年第 27 期。

许纪霖：《二十世纪中国思想史论》下卷，东方出版社 2000 年版。

许纪霖：《启蒙如何起死回生：现代中国知识分子的思想困境》，北京大学出版社 2011 年版。

许纪霖：《一幕沉重的悲喜剧——40 年代"融合"中西文化的回顾》，《时代与思潮》1989 年第 2 期。

许纪霖：《在自由与公正之间：社会民主主义在中国》，《现代中国思想史论》下卷，上海人民出版社 2014 年版。

许纪霖：《政治正当性的古今中西对话》，漓江出版社 2013 年版。

杨国荣：《科学的形上之维——中国近代科学主义的形成与衍化》，华东师范大学出版社 2009 年版。

杨瑞六：《马克思学说评》，《太平洋》1920 年第 2 卷第 7 号。

姚锡佩：《前言》，赵帝江、姚锡佩编：《柔石日记》，山西教育出版社 1998 年版。

叶青编：《哲学论战》，辛垦书店 1935 年版。

殷海光：《中国文化的展望》，中国和平出版社 1988 年版。

余英时：《现代危机与思想人物》，生活·读书·新知三联书店 2012 年版。

余英时：《中国近代思想史上的胡适》，《现代危机与思想人物》，生活·读书·新知三联书店 2012 年版。

余英时：《中国思想传统的现代诠释》，江苏人民出版社 1989 年版。

［美］詹姆斯·R. 汤森等：《中国政治》，江苏人民出版社 2004 年版。

张岱年：《哲学上一个可能的综合》，《张岱年文集》第 1 卷，清华大学出版社 1989 年版。

张岱年：《真与善的探索》，齐鲁书社 1988 年版。

张东荪：《辩证法的各种问题》，《再生》1932 年第 1 卷第

5 期。

张东荪编：《唯物辩证法论战》，北平民友书局 1934 年版。

张东荪：《从我们所谓哲学看唯物辩证法》，《大公报》（天津）1935 年 4 月 16 日。

张东荪：《动的逻辑是可能的吗?》，《新中华》1933 年第 1 卷第 18 期。

张东荪：《科学与哲学》，岳麓书社 2013 年版。

张东荪：《劳而无功》，《科学与人生观》，岳麓书社 2012 年版。

张东荪：《思想与社会》，辽宁教育出版社 1998 年版。

张东荪：《我亦谈谈辩证法的唯物论》，《大公报》副刊《现代思潮》第 3 期，1931 年 9 月 18 日。

张东荪：《现代的中国怎样要孔子》，《正风》半月刊 1935 年第 1 卷第 2 期。

张东荪：《由内地旅行而得之又一教训》，《中国现代思想史资料简编》第 1 卷，浙江人民出版社 1982 年版。

张东荪：《知识与文化》，岳麓书社 2011 年版。

张东荪译：《罗素评唯物辩证法》，《宇宙》旬刊 1935 年第 2 卷第 11 期。

张佛泉：《黑格尔之对演法与马克思之对演法》，载于中国科学院哲学研究所资料室编的《资产阶级学术思想批判参考资料（第九集）》，商务印书馆 1961 年版。

张灏：《中国近代思想史的转型时代》，《现代中国思想的核心观念》，上海人民出版社 2011 年版。

张季同：《关于中国本位的文化建设》，《国文周报》1935 年第 12 卷第 10 期。

张静庐：《中国出版史料（补编)》，中华书局 1957 年版。

张君劢：《二十年来世界政潮激荡中我们的立场》，中国第二历史档案馆编：《中国民主社会党》，档案出版社 1988 年版。

张君劢：《马克斯学说之研究及批评》，《大夏周刊》1925 年第 24 期。

张君劢：《人生观论战之回顾》，程文熙编：《中西印哲学文集》，台湾学生书局 1981 年版。

张君劢：《人生观之论战序》，《人生观之论战》（上），泰东书局 1923 年版。

张君劢：《唯物史观与唯物辩证法述评》，《时代精神》1941 年第 1 期。

张君劢：《我之哲学思想》，《义理学十讲纲要》，中国人民大学出版社 2006 年版。

张栗原编译：《社会科学理论之体系》，神州国光社 1933 年版。

张汝伦：《现代中国思想研究》，上海人民出版社 2014 年版。

张汝伦编：《理性与良知——张东荪文选》，远东出版社

1995 年版。

　　张申府：《思与文》，河北教育出版社 1996 年版。

　　张申府：《张申府学术论文集》，齐鲁书社 1985 年版。

　　张一兵：《论历史唯物主义的物——追述吴恩裕教授〈马克思的政治思想〉》，《中国高校社会科学》2015 年第 3 期。

　　张正光：《马克思主义中国化视域下的非马克思主义者探论》，《现代哲学》2013 年第 4 期。

　　张宗炳：《科学之限制》，《东方杂志》1944 年第 6 期。

　　郑大华：《20 世纪 30 年代中国知识界的社会主义思潮》，《旌勇里国史讲座第 3 辑》，当代中国研究所编，2012 年。

　　周楞伽：《生活之一页·写作生活》，《东方杂志》1935 年第 32 卷第 1 期。

　　朱谦之：《革命家的性格与精神》，《无政府主义思想资料选》上卷，北京大学出版社 1984 年版。

　　朱谦之：《朱谦之文集》第 1 卷，福建教育出版社 2002 年版。

　　庄福龄：《中国马克思主义哲学传播史》，中国人民大学出版社 1988 年版。

　　［美］周策纵：《五四运动史》，岳麓书社 1999 年版。

　　邹容：《邹容文集》，重庆出版社 1983 年版。

后　记

马克思主义与中华优秀传统文化的结合，是一个随着时代发展不断深化的重大论题，既需要透视我们的民族性格、思维方式、价值取向、文化心理等多方面，又需要观照广阔时代背景、独特历史语境，更需要广大社会科学者深入这一结合过程的内部，作出我们这个时代的理论思考和回答。博士研究生期间，我跟随历史学家张岂之先生学习中国思想史，撰写了以"老子与先秦思想——以儒墨道法为主的考察"为题的学位论文，对中华优秀传统文化有了一定程度的认识，也打下了阅读西方哲学的基础。博士毕业后，我转向了马克思主义理论的研究，一直思考马克思主义与中华优秀传统文化如何结合，马克思主义进入中国后又是如何被中国人民所逐步接受的这个重大问题。阅读大量近现代文献资料后，我发现现代中国知识分子对马克思主义有着一定程度的研究，其研究成果对推动马克思主义中国化的历史进程也起到了不可或缺的作用。《现代中国知识分子的马克思主义哲学研究史》这本书，是我学习思考马克思主义中国化的一个文献梳理。本书试图考察马克思主义哲学中国化的理论嬗变、学派的分合、学术风尚与研究旨趣的变化、研究范式与学术视域的转换，从经典诠释的角度探究知识分子在现代中国研究马克思主义哲学的内在机理，力图勾勒出马克思主义哲学中国化发生和发展的宏观背景。作者深知这是理论上的美好愿景，本书的研究刚刚迈出一小步，还需要付出更加辛苦的学术努力，才会有进一步的理论收获。

本书的出版，得到国防大学习近平新时代中国特色社会主义思想研究中心的资助。人民出版社曹春作了精心编辑，使全书增色不少。写作过程中，本书参阅了众多专家学者的研究成果，在此一并致以诚挚的感谢！由于本书的研究还是一个初步探索，加之作者水平有限，书中难免有疏漏和不妥之处，敬请广大读者批评指正。

2022 年 5 月于北京寓所

责任编辑：曹　春

图书在版编目（CIP）数据

现代中国知识分子的马克思主义哲学研究史／王强　著．——
　　北京：人民出版社，2023.9
ISBN 978－7－01－024433－4

I.①现…　II.①王…　III.①马克思主义哲学－研究－中国－现代
　　IV.① B27

中国版本图书馆 CIP 数据核字（2022）第 013439 号

现代中国知识分子的马克思主义哲学研究史
XIANDAI ZHONGGUO ZHISHIFENZI DE MAKESIZHUYI ZHEXUE YANJIUSHI

王　强　著

人民出版社 出版发行
（100706　北京市东城区隆福寺街 99 号）

北京盛通印刷股份有限公司印刷　新华书店经销

2023 年 9 月第 1 版　2023 年 9 月北京第 1 次印刷
开本：880 毫米 × 1230 毫米 1/32　印张：9.5
字数：178 千字

ISBN 978－7－01－024433－4　定价：88.00 元

邮购地址 100706　北京市东城区隆福寺街 99 号
人民东方图书销售中心　电话（010）65250042　65289539